C.H.BECK ▪ WISSEN

Manch einer, der das Wort «Lehnswesen» hört, denkt an dramatische soziale Ungleichheit im «finsteren Mittelalter» – an böse Herren und arme Bauern, an Leibeigenschaft und Hörigkeit, Ausbeutung und Gewalt. Sogar manches Schulbuch präsentiert leibeigene Bauern als Basis einer «mittelalterlichen Lehnspyramide». All das ist Unfug. Steffen Patzold erläutert in dem vorliegenden Band, was wir über das Verhältnis von Herren und Vasallen im Mittelalter wissen und was es mit Wörtern wie Treue, Schutz und Schirm, Lehen, *feudum* und *beneficium* auf sich hat. Dabei macht er auch deutlich, warum unser lange Zeit sicher geglaubtes Wissen über das Lehnswesen mittlerweile wieder in Frage steht.

Steffen Patzold ist Professor für Mittelalterliche Geschichte und Historische Hilfswissenschaften am Seminar für mittelalterliche Geschichte der Universität Tübingen.

Steffen Patzold

DAS LEHNSWESEN

C.H.Beck

Mit einer Schautafel

Die erste Auflage dieses Buches erschien 2012.

2., durchgesehene Auflage. 2023

Originalausgabe

www.chbeck.de
Satz: Fotosatz Amann, Memmingen
Druck und Bindung: Druckerei C.H.Beck, Nördlingen
Reihengestaltung Umschlag: Uwe Göbel (Original 1995, mit Logo),
Marion Blomeyer (Überarbeitung 2018)
Umschlagabbildung: Sachsenspiegel
Printed in Germany
ISBN 978 3 406 80036 8

myclimate

klimaneutral produziert
www.chbeck.de/nachhaltig

Inhalt

1. Einleitung

Viele Laien, die das Wort «Lehnswesen» hören, denken an Fernes, Mittelalterliches: an böse Herren und arme Bauern, an Leibeigenschaft und Hörigkeit, Ausbeutung und Gewalt. Sogar manches Schulbuch präsentiert leibeigene Bauern als Basis einer «mittelalterlichen Lehnspyramide». All das ist Unfug! Das Bild der Pyramide führt in die Irre. Mit Bauern haben Lehen wenig zu tun, mit Unfreiheit und Ausbeutung gar nichts; und sie sind auch keine Institution, die mit dem Mittelalter untergegangen wäre.

Im Gegenteil: Die letzte Entscheidung in einer Lehnssache hat das Reichsgericht am 5. April 1937 gefällt. Und noch in einem Gesetz der Bundesrepublik Deutschland ist von Lehen die Rede. Das Wort findet sich in jenem Text, den Juristen als EGBGB abkürzen. Offiziell trägt er den volltönenden Namen: «Einführungsgesetz zum Bürgerlichen Gesetzbuche in der Fassung der Bekanntmachung vom 21. September 1994 (BGBL. I S. 2494; 1997 I S. 1061), das zuletzt durch Artikel 2 des Gesetzes vom 24. September 2009 (BGBL. I S. 3145) geändert worden ist». Dieses Einführungsgesetz wurde am 18. August des Jahres 1896 ausgefertigt. Es war eine reife Frucht der Reichsgründung von 1871: Es regelte, unter welchen Bedingungen das Bürgerliche Gesetzbuch, das ein reichsweit einheitliches Privatrecht schuf, am 1. Januar des Jahres 1900 in Kraft treten sollte. Dafür war unter anderem zu klären, in welchen Rechtsgebieten die Bundesstaaten des Deutschen Reichs fortan noch eigene Regelungen beibehalten durften. Das Einführungsgesetz ließ eine ganze Reihe solcher Ausnahmen und Abweichungen zu. Auch sein Artikel 59 stand in diesem Zusammenhang. Er bestimmte: «Unberührt bleiben die landesgesetzlichen Vorschriften über Familienfideikommisse und Lehen, mit Einschluss der allodifizierten Lehen, sowie über Stammgüter.»

Heute müssen nur noch Juristen diesen Artikel des EGBGB kennen. In unserem Alltag spielen Lehen keine Rolle mehr. Im Jahr 1896 aber, als der Gesetzestext geschaffen wurde, gab es sie in Deutschland noch. Sie galten als ein Gegenstand des Privatrechts, das bis dato in den Ländern je unterschiedlich gehandhabt worden war. Bei der Einführung des BGB bestand deshalb Regelungsbedarf.

Das hat Konsequenzen für uns auch dann, wenn wir nach Lehen im Mittelalter fragen wollen. So seltsam es klingen mag – wir müssen dazu erst einmal in das 19. Jahrhundert schauen! Damals entwickelte sich die Historie zu einer Wissenschaft. Im Zuge dessen wurden grundlegende Modelle ausgearbeitet, Begriffe etabliert, Bilder entworfen, die noch unser heutiges Wissen vom Mittelalter zutiefst prägen. In dieser Phase der Verwissenschaftlichung des Fachs Geschichte waren Lehen Teil der Rechtswelt, auch in vielen Regionen Deutschlands. In der preußischen Provinz Westfalen etwa wurde der Lehnsverband erst mit einem Gesetz vom 3. Mai 1876 aufgehoben. Die Historiker des 19. Jahrhunderts, die Standardwerke zum Lehnswesen schufen, konnten deshalb kaum umhin, Phänomene und Kategorien ihres gegenwärtigen Lehnrechts in die Geschichte hineinzuprojizieren. Paul von Roth beispielsweise, Professor in Kiel, schrieb 1858 ein Buch über das damals gültige Mecklenburgische Lehnrecht. Darin konstatierte er, zu den gemeinrechtlichen Quellen dieses Rechts gehöre das langobardische Lehnrecht. Das war erstmals im ausgehenden 11. Jahrhundert niedergeschrieben worden! Roth selbst hatte im Übrigen schon 1850 ein Buch über die Frühgeschichte des Lehnswesens bis zum 10. Jahrhundert publiziert, das die weitere Geschichtswissenschaft tief beeinflussen sollte. So darf man sagen: Im Wissen um das Lehnrecht ihrer eigenen Zeit entwarfen Roth und seine Kollegen ihr Bild von Lehen im Mittelalter.

Die Forschung des 20. Jahrhunderts hat an diesem Bild zwar kontinuierlich weitergearbeitet und es an etlichen Stellen retouchiert; verworfen aber hat sie es nicht. Bis Mitte der 1980er Jahre schienen wesentliche Fragen geklärt. Wer sich schnell und verlässlich informieren wollte, der konnte zu einer konzisen

Überblicksdarstellung greifen: «Was ist das Lehnswesen?» hieß das Büchlein aus der Feder des Belgiers François-Louis Ganshof, mit dem Generationen von Geschichtsstudenten weltweit ausgebildet wurden. Das französische Original war bereits 1944 erschienen. Bald lagen Übersetzungen in die wichtigsten europäischen Sprachen vor. Die deutsche Fassung erlebte 1983 ihre sechste (und vorerst letzte) Auflage.

Seitdem ist eine interessante Kontroverse entbrannt. Was Mitte der 1980er Jahre noch als sicheres Handbuchwissen über das Lehnswesen gelten durfte, steht heute zur Disposition. Weltweit streiten Historiker über Grundsätzliches: Wann und wie sind Lehen entstanden? Welche Funktionen haben sie im Mittelalter erfüllt? Wie lässt sich ihre Bedeutung erklären? Und gab es im Mittelalter überhaupt ein Lehnswesen? Die Positionen klaffen weit auseinander: Die einen sehen im Lehnswesen eine Institution des 8. Jahrhunderts, entstanden in einer Zeit der Unsicherheit und Gewalt im Gebiet des heutigen Frankreichs und Belgiens, hervorgebracht von einer Kriegergesellschaft im Umbruch. Andere halten das Lehnswesen für ein System, das oberitalienische Juristen des ausgehenden 11. und früheren 12. Jahrhunderts ersonnen hätten – kein Ergebnis des Handelns fränkischer Krieger also, sondern eine Kopfgeburt juristischen Ordnungsstrebens. Noch radikalere Kritiker nehmen an, das Lehnswesen sei eine Schöpfung von Juristen erst des 16. Jahrhunderts, die die früheren Systematisierungsansätze ihrer Kollegen des 12. Jahrhunderts konsequent zu Ende geführt hätten – kein Phänomen des Mittelalters also, sondern ein juristisches Ordnungsraster der Neuzeit. In dem Gelehrtenstreit steht weit mehr zur Debatte als nur Quisquilien der Chronologie: Von der Datierung ins 8., 12. oder 16. Jahrhundert hängt ab, wie man den Charakter von Lehen, ihre Funktion, ihre Bedeutung und ihre historische Wirksamkeit einzuschätzen hat.

Ausgefochten ist der Grundsatzstreit noch nicht. In diesem Buch muss ich daher anders argumentieren als Ganshof in seinem Klassiker. Ich komme nicht umhin, die Forschungsarbeit von Historikern, auch gegenläufige Meinungen und Thesen darzulegen. Deshalb erzähle ich zwei Geschichten parallel: Die eine handelt vom Mittelalter. Sie schildert, wie Menschen damals in verschiedenen Regionen Europas im Laufe der Jahrhunderte mit Hilfe bestimmter Besitztransaktionen ihr Zusammenleben in je eigener Weise organisierten – und wie daraus allmählich etwas hervorging, das in der Volkssprache in Deutschland seit dem Hochmittelalter als «lehn», in den Ländern der Romania meist als «feudum» bezeichnet wurde, ohne dass damit aber überall stets dasselbe gemeint gewesen wäre. Die andere Geschichte handelt von der Erforschung des Mittelalters. Sie schildert, wie Historiker seit dem 19. Jahrhundert über ein Modell diskutierten, mit dem sie den Zusammenhang zwischen einer sehr spezifischen Form von Besitztransaktion und einer sehr spezifischen sozialen Beziehung idealtypisch zu erfassen suchten. Das ist das wissenschaftliche Modell des Lehnswesens.

Wir müssen also Lehen als historisches Phänomen einerseits und wissenschaftliche Modelle des Lehnswesens andererseits auseinanderhalten. Historiker neigen bisweilen dazu, ihre Modelle mit der historischen Wirklichkeit zu verwechseln. Das stiftet Verwirrung! Auch die aktuelle Diskussion über das Lehnswesen beruht zumindest teilweise auf einer solchen Verwechslung von Modell und Wirklichkeit. Ein Modell behauptet jedoch gerade nicht, menschliches Zusammenleben in seiner ganzen Komplexität zu beschreiben. Ein Modell vereinfacht. Trotzdem kann es nützlich und hilfreich sein. Denn eben dadurch, dass es vereinfacht, macht es bestimmte Phänomene überhaupt erst sichtbar; und auf diese Weise erlaubt es dann auch seinerseits wieder historische Erkenntnisse. Die zweite Geschichte, die dieses Buch erzählt, die Geschichte über die Erforschung des Mittelalters, hat eine tiefe Zäsur Mitte der 1990er Jahre: Seitdem ist es nicht mehr sicher, ob das Modell des Lehnswesens Historikern überhaupt von Nutzen sein kann.

Das Modell, das bis dahin in historischen Handbüchern und Lexika präsent war, sieht nun im Kern etwa folgendermaßen aus (s. Schautafel, Umschlaginnenseite): Es besteht aus zwei Komponenten, nämlich einer personalen und einer dinglichen. Die personale Komponente heißt «Vasallität», die dingliche

«Lehen». In unserem Modell ist die Vasallität ein Vertrag zwischen zwei Freien, das heißt zwischen zwei rechtsfähigen Personen, einem Herrn und einem Vasallen. Der Vertrag impliziert gegenseitige Verpflichtungen beider Parteien: Der Vasall ist seinem Herrn gegenüber zu Treue verpflichtet, und er schuldet ihm Dienste, in der Regel Rat und Hilfe. Das kann konkret vielerlei bedeuten, meint aber meist zwei Pflichten: Der Vasall muss am Hof des Herrn erscheinen, um an Beratungen teilzunehmen und zu Gericht zu sitzen; und er muss für den Herrn in den Krieg ziehen. Im Gegenzug ist auch der Herr seinem Vasallen zu Treue verpflichtet, und er schuldet ihm Schutz und Schirm, also Beistand im Falle gewaltsamer Übergriffe Dritter, aber auch in anderen Notlagen.

Unser Modell basiert außerdem auf der Annahme, dass Herr und Vasall ihren Vertrag nicht unbedingt in schriftlicher Form schließen müssen (geradeso wie auch Verträge in der Bundesrepublik Deutschland heute nicht notwendigerweise schriftlich dokumentiert werden müssen, um gültig zu sein). Stattdessen wird der vasallitische Vertrag in der Regel in symbolischen Formen herbeigeführt: Der Vasall schwört seinem Herrn einen Treueid. Er leistet ihm außerdem das sogenannte *homagium* (frz. «hommage»), das man im Deutschen auch «die Mannschaft» nennen kann; dadurch wird er zum Mann seines Herrn. Zu diesem Zweck vollzieht er den Handgang: Er kniet vor seinem Herrn nieder und reicht ihm seine Hände ineinandergefaltet dar; der Herr umgreift die Hände des Vasallen mit seinen eigenen. Möglicherweise küssen sich Herr und Vasall.

Die zweite, die dingliche Komponente – also das Lehen – ist in unserem Modell eng an die Vasallität gebunden. Damit der Vasall nämlich in die Lage versetzt wird, seinem Herrn jene Dienste zu leisten, die aus der Vasallität resultieren, erhält er von seinem Herrn eine materielle Ausstattung. Dies kann ein Stück Land sein; in Frage kommt aber auch jede andere Einkunftsquelle, sofern sie nur den Vasallen in die Lage versetzt, seine Dienste für den Herrn zu erfüllen. Wichtig ist: Der Herr schenkt seinem Vasallen diese Einkunftsquelle nicht; er leiht sie seinem Vasallen nur zur Nutzung – räumt ihm also das Recht ein, Einkünfte daraus zu beziehen. (Diese Aufteilung von Rechten juristisch exakt zu beschreiben, fiel übrigens schon immer schwer. Die Rechtswissenschaft entwickelte sich erst ab dem 12. Jahrhundert. Sie hinkte der Praxis hinterher; und sie arbeitete im Laufe der Zeit mehrere verschiedene Theorien aus, um die Rechtsgrundlagen der Ansprüche des Lehnsgebers und des Lehnsnehmers auf den juristischen Begriff zu bringen.) Der Akt, mit dem der Herr seinem Vasallen die Nutzungsrechte überträgt, heißt «Investitur»; auch sie geschieht in der Regel in symbolischen Formen. Eine Zahlung oder Abgabe, sei sie einmalig oder wiederkehrend, ist für das geliehene Gut selbst nicht fällig. Das unterscheidet ein Lehen von Kauf-, Miet- oder Pachtverträgen.

Im Übrigen ist die Leihe zur Nutzung, da sie innerlich an die Vasallität rückgebunden ist, von vornherein zeitlich beschränkt. Die Leihe kann nur so lange Bestand haben, wie der Vasall und der Herr leben und beiderseits ihre Pflichten erfüllen. Wird die personale Komponente aufgelöst – etwa weil einer der Partner stirbt oder sich nicht an den Vertrag hält –, erlischt auch die dingliche Komponente. Stirbt der Herr, so spricht man vom «Herrenfall»; stirbt der Vasall, liegt ein «Mannfall» vor; bricht eine der Parteien ihre Treue, handelt es sich um «Felonie».

Da ein Vasall nicht das Gut selbst übereignet bekommt, sondern es ihm nur zur Nutzung geliehen wird, darf er das Gut weder gegen ein anderes eintauschen, noch es verschenken oder verkaufen. Hierin unterscheiden sich Lehen von Eigengut, das auch als «Allod» bezeichnet wird. Aber der Vasall kann auf allerlei andere Weise aus seinem Lehen Nutzen ziehen. Unter anderem kann er damit seinerseits einen Mann belehnen, mit dem er selbst einen vasallitischen Vertrag abgeschlossen hat. Die deutsche Literatur spricht in solchem Fall von «Unter-» oder auch «Aftervasallen» und «Afterlehen». Auf diese Weise vermag unser Modell eine mehrstufige Hierarchie abzubilden: vom Herrn zum Vasallen, weiter zu dessen Aftervasallen, dann zu den Aftervasallen der Aftervasallen usw.

Es wäre möglich, unser Modell noch weiter zu verfeinern und zu diesem Zweck zusätzliche Begriffe einzuführen. Die unangenehmste Kritik, die in der jüngeren Forschung gegen das Modell erhoben worden ist, lautet jedoch nicht, es sei zu grob. Im Gegenteil: In einer großen Studie von 1994 hat die englische Historikerin Susan Reynolds kritisiert, das Modell sei zu komplex, zu spezifisch und formuliere zu viele Voraussetzungen, um handfeste geschichtswissenschaftliche Erkenntnisse zu ermöglichen. Ich belasse es deshalb vorerst bei diesem verhältnismäßig einfachen Modell. Es umfasst nur das, was nötig ist, damit überhaupt von einem Lehnswesen die Rede sein kann: Vasallität, Lehen und deren inneren Zusammenhang.

Vor diesem Hintergrund kreist nun die aktuelle Kontroverse über das Lehnswesen um zwei große Fragen: Ab wann lassen sich in Europa Gesellschaften beobachten, in denen Lehen mit ihrer inneren Bindung an die Vasallität existierten und einige Bedeutung erlangten für das Militärwesen, den Austausch von Gütern, die Organisation von Macht, die Mentalität der Eliten? Und was für Folgerungen ergeben sich aus diesem Zeitansatz für den Stellenwert von Lehen, für ihre Funktion, ihren Charakter?

Da die gesamte Kontroverse bei der Frage nach der Entstehungszeit ansetzt, habe ich das Buch chronologisch gegliedert. Drei Schwerpunkte fordern drei Hauptteile: Ich betrachte zunächst das Frankenreich im 8. und 9. Jahrhundert – jenen Raum und jene Zeit also, in denen die ältere Forschung die Geschichte von Lehen und Vasallität hat beginnen lassen. Dann begebe ich mich ins späte 10. bis 12. Jahrhundert und blicke für diese Zeit von Oberitalien, einem möglichen Geburtsort des Lehnswesens, aus in andere Regionen Europas. Den dritten zeitlichen Schwerpunkt bildet das Spätmittelalter bis ins 16. Jahrhundert hinein, mithin bis zu jener Phase, in der – gemäß der radikalen Kritik – das Lehnswesen als systematische Beziehung von Vasallität und Lehen recht eigentlich erst erfunden worden ist; hier konzentriere ich die Darstellung notgedrungen auf die nordalpinen Regionen des Reichs. In jedem dieser drei Hauptteile muss ich zwei verschiedene Geschichten nebeneinanderstellen und gegeneinander abwägen: die eine handelt von der Vielfalt mittelalterlicher Besitztransaktionen und personaler Bindungen, die andere von einem wissenschaftlichen Modell, das bis 1994 unangefochten war und seitdem debattiert wird.

Vorab aber noch zwei Bemerkungen zur Terminologie: Die erste betrifft den Titel dieses Buches. In vielen Sprachen gibt es keine einfache Entsprechung zum deutschen Wort «Lehnswesen». Engländer können von «feudalism» sprechen, Franzosen von «féodalité», Italiener von «feudalesimo». Aber diese Wörter bezeichnen jeweils mehr und anderes als unser «Lehnswesen», das eng auf Lehen und Vasallität bezogen bleibt. Feudalismus: Das kann eine Wirtschaftsordnung sein, die durch das Eigentum an und den Austausch von Land strukturiert wird; oder eine soziale Ordnung mit deutlicher Hierarchie zwischen landbesitzenden Herren und abhängigen Bauern; oder eine politische Ordnung, die durch die Fragmentierung von Herrschaft und die Privatisierung der Gewalt gekennzeichnet ist, zumal durch ein Militärwesen, das durch private Verträge organisiert wird. Elizabeth Brown hat schon 1974 gefordert, «Feudalismus» aus dem mediävistischen Wortschatz zu streichen: Die damit bezeichneten Begriffe seien schlicht zu vieldeutig und unscharf. Dieses Buch handelt nicht vom Feudalismus, sondern vom Lehnswesen. Historiker weltweit operieren aber nun einmal mit den schillernden Wörtern «feudalism», «féodalité», «feudalesimo». Daher lassen sich manche Exkurse in deren semantische Weiten nicht ganz vermeiden.

Die zweite Bemerkung betrifft das Wort «Lehen». Es bedeutete ursprünglich nichts anderes als unser heutiges Wort «Leihe», und zwar im weiten Sinn unserer Alltagssprache. Manche Historiker legen ihrer Terminologie diese weite Bedeutung zugrunde. Sie bezeichnen deshalb allerlei verschiedene Formen von Leihen als «Lehen». Das, was sie jeweils konkret meinen, verdeutlichen sie dann durch Zusätze. Weil dieser Gebrauch des Wortes leicht zu Missverständnissen führen kann, habe ich ihn zu vermeiden versucht. Als «Lehen» bezeichne ich deshalb nur jene spezifische Form der Leihe, die gebunden ist an eine ebenfalls spezifische personale Beziehung, eben die Vasallität.

2. Das Frankenreich im 8. und 9. Jahrhundert

1. Die klassische Sicht

Die ältere Forschung war überzeugt, seit dem 8. Jahrhundert ließen sich im Frankenreich Praktiken beobachten, die im Großen und Ganzen dem Modell des Lehnswesens entsprochen hätten. Die Zeit galt als Geburtsstunde von Lehen und Vasallität. Außerdem rechneten Historiker damit, dass die Liaison der beiden Komponenten sich schon bald als historisch wirkmächtig erwiesen habe. Spätestens seit dem Ende des 8. Jahrhunderts habe der Wirkverbund von Lehen und Vasallität die Machtverhältnisse innerhalb der Eliten beeinflusst, auf Kernbereiche der Wirtschaft eingewirkt, das Militärwesen strukturiert und Grundzüge der Mentalität geprägt.

Um zu erklären, wie Lehen und Vasallität entstanden und zueinanderkamen, nahmen Historiker Folgendes an: In den Jahren um 700 hatten beide Komponenten schon weit ältere Vorläufer. Die Vasallität entwickelte sich aus der römischen Kommendation und der germanischen Gefolgschaft, das Lehen aus der sogenannten prekarischen Leihe – einem Typ von Besitztransaktion, der bereits in der Spätantike bekannt gewesen war. An der Wende zum 8. Jahrhundert, in einer Zeit des Kriegs und der Gewalt, seien dann beide Komponenten miteinander zu einer neuen Institution verschmolzen. Fortan hätten mächtige Herren das Lehnswesen genutzt, um ihre kriegerischen Gefolgschaften an sich zu binden.

Betrachten wir diese Annahmen noch etwas genauer! Die Kommendation bot einem freien Menschen Rettung, wenn ihm das Wasser bis zum Hals stand. Wer nicht mehr für sich oder seine Familie sorgen konnte, wer obdachlos war, wer zu verhungern oder zu erfrieren drohte – der konnte sich selbst einem anderen Menschen «anvertrauen» oder «übergeben» (lat. *se commendare*). Das bedeutete allerdings, dass der Bedürftige sich ihm wie einem Herrn unterstellte. Er hatte ihm Gehorsam zu versprechen und musste ihm fortan zu Diensten sein. Im Gegenzug verpflichtete sich der Herr, den Armen zu versorgen.

Wie eine solche Kommendation aussehen konnte, zeigt eine Urkundenformel, die im frühen 8. Jahrhundert in Tours niedergeschrieben wurde. Eine *formula* ist so etwas wie ein Mustervertrag: Die Namen der Vertragspartner sind ebenso offengelassen wie alle anderen konkreten, personalisierten Angaben. Der Text dient lediglich als Vorlage, um einen spezifischen Vertrag auszuarbeiten. Für Historiker sind solche Urkundenformeln besonders aufschlussreich. Denn für einen ganz außergewöhnlichen oder gar für einen einmaligen Fall hätte niemand eigens eine Mustervorlage geschaffen. Eine Formel belegt deshalb schlagender als eine einzelne, zufällig überlieferte Urkunde, was gängige Praxis war.

Unsere Urkundenformel aus Tours lautet nun wie folgt: «Der sich in die Gewalt eines anderen kommendiert. An den großmütigen Herrn ..., ich ... Da es allen wohlbekannt ist, dass es mir an Nahrung und Kleidung fehlt, habe ich mich bittend an Euer Erbarmen gewendet und habe frei beschlossen, mich in Eure Herrschaft zu begeben, das heißt zu kommendieren. Und das habe ich auch getan; es soll so sein, dass Ihr mir mit Speise und Kleidung helft und mir Unterhalt gebt, und zwar in dem Maße, wie ich Euch dienen und mir damit Eure Hilfe verdienen kann. Bis zu meinem Tod muss ich Euch dienen und gehorchen, so wie ich es als freier Mann vermag, und zeit meines Lebens werde ich mich Eurer Gewalt oder Herrschaft nicht entziehen können, sondern ich werde, solange ich lebe, unter Eurer Gewalt und Eurem Schutz bleiben. Und so sind wir übereingekommen, dass derjenige von uns beiden, der sich diesen Abmachungen entziehen wollte, seinem Vertragspartner ... Solidi zahlen muss und dass die Vereinbarung selbst in Kraft bleibt. Daher schien es angebracht, dass die Parteien zwei Urkunden gleichen Inhalts verfassen und bestätigen. Und so haben sie es getan.»

Der Text zeigt die Grundzüge der Kommendation: Aus materieller Not heraus unterstellt sich ein freier Mann der Herrschaft eines anderen; er verspricht ihm Gehorsam und Dienst, darf aber im Gegenzug Nahrung und Kleider von seinem neuen Herrn erwarten. Dass eine Kommendation wenig ehrenvoll war, liegt auf der Hand. Sie war kein attraktives Angebot für einen Freien, dem es gut ging. Sie war ein Ausweg aus tiefer Not.

Anders beurteilte die Forschung den zweiten Vorläufer der Vasallität, die Gefolgschaft. Seit dem frühen 5. Jahrhundert hatten nichtrömische Gruppen eigene Reiche auf dem Boden des Imperium Romanum gegründet: Goten, Burgunder, Vandalen, Franken und andere mehr. Krieg war in jener Zeit in Europa allgegenwärtig. Die betreffenden Gruppen konnten von den Zeitgenossen zwar durchaus als Völker mit langer Tradition begriffen werden; sie waren zugleich aber auch Kampfgemeinschaften von Angehörigen verschiedener Völker, angeführt von Kriegsherren, Warlords. Ein wichtiges Bindemittel zwischen den Kriegern und ihren Anführern war dabei ein Treueid, den die Krieger zu schwören hatten. Die ältere Forschung hat die Kampfgemeinschaften als «germanische Stämme» bezeichnet und den Treueid für eine germanische Institution gehalten. Die Bindung der Krieger an ihren Führer hat sie mit dem Begriff der «germanischen Gefolgschaft» zu erfassen versucht. Im Unterschied zur römischen Kommendation, so glaubte man, habe die Gefolgschaft nicht auf Befehl und Gehorsam beruht, sondern auf einer gegenseitigen Verpflichtung, gekennzeichnet durch eine spezifische germanische Treue.

Dieses Bild ist nach jüngeren Forschungsergebnissen in großen Teilen überholt: Dass die Gefolgschaft eine «germanische» Institution gewesen sei, ist mehr als zweifelhaft; und den Treueid leiten jüngere Arbeiten aus dem römischen Militäreid ab. Eines aber bleibt richtig: Seit der Spätantike waren in Europa Warlords mit einem Gefolge von Kriegern eine weitverbreitete Erscheinung.

Um das Jahr 700, so nahm es die ältere Forschung an, habe sich nun im Frankenreich aus diesen beiden älteren Institutionen – der Kommendation und der Gefolgschaft – die Vasallität entwickelt. Tatsächlich finden sich schon seit dem 6. Jahrhundert in fränkischen Quellen Belege für Leute, die als *vassi* bezeichnet wurden. Das Wort war aus dem Keltischen entlehnt;

das keltische «gwas» meinte allerdings zunächst weder einen verarmten Freien, der sich kommendiert hatte, noch einen freien, rechtsfähigen Krieger, der sich einem Warlord angeschlossen und ihm die Treue geschworen hatte. Das Wort bezeichnete schlicht einen Knecht. Als unfreie Knechte erscheinen denn auch noch die ersten *vassi*, die wir in unseren fränkischen Quellentexten greifen können: In ihnen steht das Wort *vassus* synonym zu *puer* (wörtl. «Junge», aber auch «Bursche», «Diener», «Sklave») oder zu *gasindus* (vgl. unser Wort «Gesinde»). Schon im 7. Jahrhundert konnte mit dem Wort *vassus* dann auch ein Freier bezeichnet werden. Noch einmal ein Jahrhundert später meinte das Wort in den überlieferten Texten fast nirgends mehr unfreie Knechte, sondern in aller Regel freie, rechtsfähige Männer.

Die ältere Forschung hat angenommen, dass die *vassi* des 8. Jahrhunderts so gut wie immer Freie gewesen seien, die durch einen vasallitischen Vertrag – also in einer Mischung aus Kommendation und Gefolgschaft – an einen Herrn gebunden gewesen seien. Die Historiker waren außerdem der Ansicht, die meisten dieser *vassi* seien, um die Dienste für ihren Herrn leisten zu können, auch bereits mit einem Lehen ausgestattet worden. Spätestens im 9. Jahrhundert sei dann die Verbindung von Vasallität und Lehen so üblich gewesen, dass man von einem Lehnswesen sprechen könne.

Auch für das Lehen lassen sich historische Vorläufer erkennen. Die Texte des 8. und 9. Jahrhunderts, die uns über *vassi* und ihre materielle Ausstattung Auskunft geben, sind in lateinischer Sprache verfasst. Das lateinische Wort, das Historiker früher regelmäßig als «Lehen» übersetzt haben, lautet in diesen Texten *beneficium*. Das heißt wörtlich erst einmal nur «Wohltat». Schon im römischen Recht der Spätantike allerdings hatte sich das Wort *beneficium* auch als Terminus für eine bestimmte Form der Leihe etabliert: für die sogenannte Prekarie. Sie galt (und gilt) als Vorstufe des Lehens. Tatsächlich sehen sich Lehen und Prekarie zum Verwechseln ähnlich.

Der Name «Prekarie» (*precaria*) leitet sich von dem lateinischen Verb *precari* («bitten») ab. Von dieser Etymologie her lässt sich leicht begreifen, was eine Prekarie ist: Ein Mann bittet einen Eigentümer, ihm von seinem Eigengut etwas für eine bestimmte Zeit zum Nießbrauch zu leihen, also mit dem Recht, das geliehene Gut zu nutzen. Die Leihfristen konnten ganz unterschiedlich sein: Zunächst waren eher kurze Zeiträume von fünf Jahren üblich; im Frühmittelalter finden sich dann oft Leihen auf Lebenszeit, nicht selten aber sogar Leihen über mehrere Generationen. Den Text, den der Bittsteller – der «Prekarist» – aufsetzte, nannte man eine «Prekarie» (*precaria*). Denjenigen Text, mit dem der Eigentümer diese Bitte gewährte und von seinem Gut etwas verlieh, konnte man als «Praestarie» bezeichnen (*praestaria*, vgl. lat. *praestare* – «gewähren»).

Ein Beispiel: Am 11. Mai 761 stellten Mönche des Klosters St. Gallen für zwei Brüder namens Erinpert und Amalpert eine Urkunde aus. Die beiden Brüder, so erfahren wir aus diesem Schriftstück, hatten in Zuzwil im Thurgau ein Landgut ihr Eigen nennen dürfen. Der Ort lag etwa 25 Kilometer von St. Gallen entfernt, für die Mönche des Klosters war das Gut attraktiv. Erinpert und Amalpert, so lernen wir weiter, hatten ihr Eigengut mit einer Urkunde (die allerdings heute verloren ist) dem Kloster St. Gallen übertragen. Die Mönche hatten ihnen dasselbe Stück Land dann gleich wieder zum Nießbrauch geliehen (*sub usufructuario ... prestavimus*). Unsere Urkunde vom Mai 761 hielt nun fest, was die beiden Brüder dem Kloster St. Gallen dafür einmal im Jahr, nämlich jeweils am Weihnachtstag, als Abgabe (*census*) schuldeten: Bier, Brote, Ferkel, außerdem zwei Hühner sowie einen Teil der Ernte eines Flurstücks. Solange die beiden Brüder diese nicht allzu hohe Abgabe leisteten, sollten sie das Landgut «innehaben und nutzen» dürfen (*tenire et usare*). Die Mönche betonten in der Urkunde aber eigens noch einmal, dass die Brüder keinerlei Eigentumsrecht (hier *pontificium*) an dem Gut hätten. Das bedeutete konkret: Erinpert und Amalpert durften das Land weder verkaufen, noch verschenken, noch anderweitig entfremden oder mindern. Waring, der die Urkunde schrieb, nannte das Schriftstück selbst eine *precaria*.

Das Beispiel veranschaulicht den Unterschied zu Miet- oder Pachtverträgen. Die prekarische Leihe war nicht mit einer drückenden Abgabe verbunden, sondern mit einem geringen Zins, der vor allem symbolische Funktion hatte: Er rief regelmäßig in Erinnerung, dass der Prekarist nicht selbst über das Eigentum am geliehenen Gut verfügte. So konnte die prekarische Leihe im Wortsinne als ein *beneficium* erscheinen, als eine «Wohltat» des Eigentümers gegenüber dem Prekaristen. Schon in spätantiken Texten wurde daher das Wort *beneficium* verwendet, um prekarische Leihen zu bezeichnen. Die St. Galler Mönche kannten auch das Verb dazu: *beneficiare* hieß «als prekarische Leihe gewähren».

Der historische Erfolg dieser Leiheform erklärt sich allerdings kaum dadurch, dass in der Spätantike und im Frühmittelalter ungewöhnlich viele Altruisten darauf aus gewesen wären, anderen Leuten etwas Gutes zu tun. Tatsächlich konnte eine prekarische Leihe handfeste Vorteile für beide Parteien bringen. Leider wissen wir über die Brüder Erinpert und Amalpert sonst nichts. Vielleicht fehlte ihnen ein Erbe? Dann konnte es sich für sie durchaus lohnen, ihr Land erst dem Kloster zu schenken und es dann als prekarische Leihe auf Lebenszeit zurückzuerhalten. Auf diese Weise konnten die beiden ihr Land gegen eine geringe Jahresabgabe weiterhin bis zu ihrem Tod nutzen und von den Erträgen leben; zugleich aber hatten sie dem Kloster eine Schenkung gemacht. Sie durften deshalb darauf hoffen, dass die Mönche für das Heil ihrer Seelen beten würden. Das mochte sich künftig vor Gott als hilfreich erweisen! Schon zu Lebzeiten gewannen Erinpert und Amalpert das Kloster als mächtigen Partner: Wann immer es zum Streit über Rechte an dem betreffenden Stück Land käme, würden die beiden Brüder fest damit rechnen können, dass die Mönche sie unterstützten. Die St. Galler wollten ja ihr Eigentum an dem Land wahren; dazu mussten sie dem Prekarie-Vertrag Geltung verschaffen. Und schließlich bedeutete der Vertrag auch, dass die beiderseitigen Ansprüche auf das Stück Land in Zuzwil schriftlich festgehalten und dauerhaft im St. Galler Archiv dokumentiert wurden.

Andere Szenarien sind ebenfalls denkbar. Möglicherweise war die Schenkung gegen prekarische Leihe ja auch ein geschickter Schachzug der Brüder in einem Streit mit einem Verwandten?

Vielleicht hatte ein Onkel Erbansprüche auf das Stück Land in Zuzwil erhoben? In diesem Falle mochte es den beiden klüger erscheinen, ihr Gut St. Gallen zu schenken und gleich wieder gegen geringen Zins auf Lebenszeit zur Nutzung zurückzuerhalten. Andernfalls hätten sie das Land möglicherweise an ihren Verwandten abtreten müssen. Nun aber durften sie – so stand es in der Urkunde – das Gut nicht einmal mehr aufteilen und ein Stück davon abgeben.

Etliche andere Situationen konnten Prekarien interessant erscheinen lassen. Wenn jemand beispielsweise über ein Stück Land verfügte, das noch nicht urbar gemacht war, dann konnte es attraktiv sein, dieses Land eine Zeit lang als prekarische Leihe zu vergeben. War es dann erst einmal fruchtbar, ließ es sich erheblich leichter verpachten oder anderweitig – etwa für Tauschgeschäfte – nutzen. Eine prekarische Leihe konnte auch sinnvoll erscheinen, wenn man mit einer solchen «Wohltat» einen mächtigen Mann für sich einnehmen wollte. Der soziale Gewinn überwog in diesem Falle die materiellen Interessen; der Prekarist würde dem Eigentümer hilfreich zur Seite stehen, wenn es galt, das Gut gegen Ansprüche Dritter zu verteidigen. Gängig waren im Übrigen auch Geschäfte, bei denen ein Eigentümer zunächst sein eigenes Gut einem anderen schenkte, um es dann als prekarische Leihe wieder zurückzuerhalten, nun aber noch vermehrt aus dem Eigengut des Geschäftspartners. So konnte der eine Partner sein Eigengut vermehren, der andere aber weitere Güter hinzugewinnen, von deren Nießbrauch er lebte.

Prekarische Leihen waren also zu vielen Zwecken einsetzbar. Ihre Attraktivität und Vielseitigkeit beruhte im Grunde auf einem einfachen Prinzip: Prekarie-Verträge schufen soziale Bindungen, indem sie Eigentum und Nutzung zeitlich befristet trennten und auf zwei Parteien aufteilten. Im Frühmittelalter haben Menschen in Mittel- und Westeuropa derartige Geschäfte häufig getätigt. Obwohl die Quellen für das Frankenreich im 8. Jahrhundert nicht gerade reichlich sprudeln, haben sich doch etliche Prekarie-Urkunden erhalten.

Die ältere Forschung hat nun angenommen, in den Jahren um die Wende zum 8. Jahrhundert seien prekarische Leihen zu günstigen Konditionen, als *beneficia* bezeichnet, mit der aus Kommendation und Gefolgschaft erwachsenen Vasallität zu einer neuen Institution verschmolzen – eben zum Lehnswesen. Die Jahre um 700 gehörten beileibe nicht zu den friedlichsten in der Geschichte des Frankenreichs. Als Könige amtierten noch immer die Merowinger, die Nachfahren Chlodwigs I., der um 500 ein großes Reich in Gallien begründet hatte. Aber da die Merowinger in der zweiten Hälfte des 7. Jahrhunderts jung zu sterben pflegten, hatten mittlerweile *de facto* die sogenannten Hausmeier die Macht inne, die Vorsteher des Königshofes.

Seit Ende der 680er Jahre setzte sich im Ringen um diese Position eine Familie von Magnaten reichsweit gegen ihre Konkurrenten durch – die Familie eines Mannes namens Pippin. Um 635 geboren, hatte dieser Pippin seit 679 zunächst die Hausmeierwürde im Osten des Reiches, in Austrasien, inne. 687 besiegte er in der Schlacht von Tertry seinen mächtigsten Konkurrenten, Berchar. Nach dessen Tod Ende 688 oder Anfang 689 übernahm Pippin die Macht auch in den beiden übrigen Großregionen des Reiches, in Neustrien im Nordwesten und in Burgund. Allerdings gelang es Pippin nicht, seine Nachfolge verbindlich zu regeln. Der Hausmeier hatte Söhne von zwei Frauen: von Plektrud und Chalpaida. Die beiden Söhne Plektruds – Drogo und Grimoald – starben noch vor ihrem Vater. Plektrud versuchte daher beim Tode Pippins im Jahr 714, ihren minderjährigen Enkeln die Nachfolge zu sichern: Grimoalds Sohn Theudoald und Drogos Sohn Arnulf. Dagegen wandte sich der Sohn Chalpaidas – jener Karl, dem Spätere den Beinamen «Martell» («der Hammer») verleihen sollten. In mehrjährigen Kämpfen setzte sich Karl in Austrasien, dem östlichen Reichsteil, bis 717 gegen Plektrud durch. Doch auch danach gehörte Krieg zum Tagesgeschäft fränkischer Magnaten: Es blieben Kämpfe gegen den 715 erhobenen neustrischen Hausmeier Raganfrid, dann seit den 720er Jahren gegen die aus Spanien einfallenden Muslime, gegen Friesen, Sachsen, Alemannen, Baiern …

Die ältere Forschung ist davon ausgegangen, dass diese Zeit des Krieges und der Gewalt den Nährboden gebildet habe, aus dem das Lehnswesen erwachsen sei. Pippin und Karl Martell bedurften einer großen Zahl von Kriegern, um sich gegen ihre Konkurrenten im Inneren durchzusetzen und ihre Feldzüge gegen äußere Feinde zu führen. Die Krieger, die für sie in die Schlacht zogen, waren schwer gepanzerte Reiter, durch Treueide an Pippin und Karl gebunden als *pueri* oder *vassi*, in einer Mischform von Kommendation und Gefolgschaft. Die Ausrüstung dieser Krieger, zumal der Panzer und die Pferde, war teuer – so teuer, dass ein freier Mann sie sich nicht ohne Weiteres leisten konnte. Um Krieger in hinreichender Zahl an sich zu binden, mussten Pippin und Karl selbst sie mit den notwendigen Ressourcen ausstatten.

Pippins Familie war zwar reich; aber die Kosten für immer mehr Krieger, so nahm die ältere Forschung an, habe sie auf Dauer nicht zu schultern vermocht. Da habe es nahegelegen, neue Ressourcen zu erschließen. So richtete Karl Martell sein Augenmerk auf die Kirchen. Sie waren durch Schenkungen von Gläubigen seit der Spätantike wohlhabend geworden. Den Landbesitz, den sie angehäuft hatten, begehrte Karl nun für seine Krieger. Daher setzte er ins Werk, was Historiker im 19. Jahrhundert vornehm als «Säkularisationen» bezeichneten. Treffender müsste man wohl formulieren: Karl raubte den Kirchen einen Teil ihrer Güter, um damit seine *vassi*, seine schwer bewaffneten Reiterkrieger, auszustatten.

Nun waren es – weiter aus Sicht der älteren Forschung – nur noch zwei kleine Schritte auf dem Weg zur Verschmelzung von Vasallität und *beneficium*. Der erste Schritt folgte unmittelbar nach Karls Tod: Initiiert nicht zuletzt durch den Angelsachsen Winfried-Bonifatius, begann unter Karls Söhnen Pippin und Karlmann seit 742/43 eine Reform der fränkischen Kirchen. Im Zuge dessen, so vermuteten Historiker, seien Karls «Säkularisationen» in die Kritik geraten – mussten doch die Bischöfe und Äbte ein Interesse daran haben, das ihnen geraubte Land wieder zurückzuerhalten. Eine einfache Restitution kam jedoch kaum mehr in Frage: Sie hätte ja bedeutet, dass Karls Söhne ihre *vassi* hätten enteignen müssen. In dieser Situation erlaubte die Prekarie einen günstigen Kompromiss: Die Kirchen erhielten zwar das Eigentum an ihrem Land zurück; sie überließen es aber –

auf Anordnung der Hausmeier Pippin und Karlmann – als prekarische Leihe gleich wieder deren *vassi*, welche die Güter nutzen und daraus weiterhin ihren Unterhalt bestreiten konnten. Um den Geistlichen diese Lösung schmackhaft zu machen, wurde ihnen von dem geliehenen Land ein Sonderzins in Aussicht gestellt. Später, im Jahr 779, wurde dann sogar festgelegt: Die *vassi* sollten von geliehenen Kirchengütern nicht nur den üblichen zehnten Teil aller Einkünfte geben, sondern *nona et decima* («Neunt und Zehnt») leisten, also insgesamt eine Abgabe in Höhe von 20 Prozent.

Der Kompromiss führte systematisch die personale Bindung der Vasallität zwischen den Hausmeiern und ihren Kriegern einerseits und auf Lebenszeit befristete Leihen zu Nießbrauch (*beneficia*) andererseits zusammen. Dabei stammte das betreffende Gut allerdings zunächst noch aus dem Eigentum der Kirchen, also von einer dritten Partei. Es fehlte mithin noch ein letzter, kleiner Schritt für die Begründung des Lehnswesens: Die Verbindung von Vasallität und *beneficium*, so nahm die Forschung an, habe sich rasch als Erfolg erwiesen und sei daher im Laufe des 8. Jahrhunderts schon bald auch ohne den Umweg über die Kirchen üblich geworden. Spätestens zu Beginn des 9. Jahrhunderts seien *vassi* regelmäßig ausgestattet worden mit befristet zu Nießbrauch geliehenen Gütern; das habe sie in die Lage versetzt, ihrem Dienst nachzukommen. Diese Güter hießen weiterhin *beneficia*. Fortan aber müsse das Wort in der Regel nicht mehr als «prekarische Leihe», sondern als «Lehen» übersetzt werden.

Das Lehnswesen wäre schon damit ein bedeutendes Phänomen gewesen. Immerhin diente es der Organisation des Militärwesens und beeinflusste die Verteilung von Land, der wichtigsten Ressource der Zeit. Aber die ältere Forschung ist noch weitergegangen: Ihr zufolge nutzten die Erben Karl Martells die neue Institution schon bald dazu, auch die Eliten an sich zu binden. Im Jahr 751 hatte Pippin, der Sohn Karl Martells, den letzten merowingischen König absetzen und zum Mönch scheren lassen und selbst die Königswürde übernommen. Die Dynastie der Karolinger sollte östlich des Rheins bis 911, westlich noch bis 987 Könige stellen. Schon 757, so meinte die Forschung, habe sich der bairische Herzog Tassilo III. dem neuen König Pippin I. als *vasallus* unterstellt. Diese Annahme stützte sich auf einen Quellentext, den Geistliche am Königshof im späten 8. Jahrhundert verfasst hatten, auf die sogenannten «Reichsannalen». In ihnen heißt es zum Jahr 757:

«Und König Pippin hielt seine Versammlung mit den Franken in Compiègne; dorthin kam Tassilo, der Herzog der Baiern, und während er sich ihm durch seine Hände in die Vasallität übergab, schwor er viele, ja unzählige Eide, die Reliquien der Heiligen mit den Händen berührend; und er gelobte dem König Pippin und seinen Söhnen Karl und Karlmann Treue, als ihr Vasall mit aufrechter Gesinnung und in fester Ergebenheit nach dem Recht, wie ein Vasall es seinen Herren schuldet. So bekräftigte der genannte Tassilo über den Leibern der Heiligen Dionysius, Rusticus und Eleutherius, sowie denen des heiligen Germanus und des heiligen Martinus, dass er es zeit seines Lebens so halte, wie er es eidlich versprochen hatte; so bekräftigten es auch seine Begleiter von hoher Abkunft, wie gesagt, an den oben genannten wie auch an vielen anderen Orten.»

Der Bericht strebt nach Eindeutigkeit: Tassilo begibt sich *in vassatico*, und zwar *per manus*, also mit einem Handgang. Er schwört Eide über den Reliquien von Heiligen. Er wird damit ohne jeden Zweifel zu Pippins Vasall. Die ältere Forschung hat diese Passage zusammengesehen mit einer anderen Stelle desselben Textes. Schon im Bericht zum Jahr 748 heißt es nämlich, Tassilo habe die Herzogswürde in Baiern als *beneficium* erhalten. Zieht man beide Stellen zusammen, dann ergibt sich ein scheinbar eindeutiges Bild: Tassilo wurde als Herzog von Baiern Pippins Vasall. Seinem illustren Vorbild, so nahm man weiter an, hätten dann schon bald viele andere Herren nachgeeifert. Spätestens von diesem Moment an sei die vasallitische Bindung gewissermaßen gesellschaftsfähig geworden. Sie habe sich als diejenige Form etabliert, in der sich die geistlichen und weltlichen Großen, die Bischöfe, Äbte und Grafen, an die karolingischen Könige banden. Karl Ferdinand Werner rechnete schon für das frühe 9. Jahrhundert mit 2000 bis 3000 Vasallen des

Königs, zumal Grafen und Bischöfen, die ihrerseits zusammen etwa 30 000 Aftervasallen gehabt hätten. Nicht nur die militärische und wirtschaftliche Organisation, sondern auch das politische System hätten demnach in hohem Maße auf dem Lehnswesen beruht.

2. Die jüngere Kritik

Bis in die 80er Jahre des 20. Jahrhunderts hinein war diese Geschichte des frühen Lehnswesens akzeptiert. Seitdem haben aber einzelne Historikerinnen und Historiker immer lauter Zweifel daran geäußert. Mittlerweile ist das ältere Bild in nahezu allen Teilen angefochten. Ein einheitlicher, in sich geschlossener Gegenentwurf hat sich bisher allerdings noch nicht als neue herrschende Meinung durchgesetzt; auch ist manche Kritik an den älteren Modellen in der Historikerzunft umstritten. Schauen wir uns also die wichtigsten Einwände näher an! Sie lassen sich im Kern zu vier großen Argumenten bündeln.

1) Das erste dieser Argumente lautet: Das klassische Bild von der Entstehung des Lehnswesens beruht auf einer so schmalen wie zweifelhaften Quellenbasis. Schon die sogenannten «Säkularisationen» von Kirchengut, die Karl Martell zur Last gelegt werden, sind keineswegs zweifelsfrei belegt. Richtig ist zwar, dass Karl sich nicht scheute, auch Bistümer mit loyalen Parteigängern zu besetzen. Über Entfremdungen von Kirchengut in großem Stil berichten jedoch erst Texte des 9. Jahrhunderts. Deren Autoren hatten bereits andere Vorstellungen über die rechtliche Sonderstellung von Kirchengut; und sie verfolgten mit ihren späten Vorwürfen gegen den längst verstorbenen Karl Martell auch jeweils eigene politische Interessen. Ob Karl tatsächlich in nennenswertem Umfang Kirchengüter für seine *vassi* entfremdet hat, darf daher bezweifelt werden. Herwig Wolfram hat einem Aufsatz über das Lehnswesen der Zeit Karl Martells den bezeichnenden Untertitel gegeben: «Aufnahme eines Nichtbestandes».

Unklar ist auch, ob Pippin und Karlmann in den 740er Jahren wirklich zahlreiche *vassi* mit prekarischen Leihen aus Kirchengut versorgt haben. Die Annahme beruht nämlich nicht etwa auf einer Vielzahl einschlägiger Prekarie-Verträge. Sie gründet vielmehr auf dem Beschluss einer Synode, die im Jahr 743 oder 744 in Les Estinnes zusammentrat. Als eines der Ergebnisse dieser Versammlung verkündete der Hausmeier Karlmann: «Wir haben auch mit Beratung der Diener Gottes und des christlichen Volkes bestimmt, dass wir wegen der drohenden Kriege und der Einfälle der Völker ringsum einen Teil des kirchlichen Vermögens mit Gottes Erlaubnis als zinspflichtige Landleihe (*sub precario et censu*) zur Unterstützung unseres Heeres für einige Zeit zurückbehalten – unter der Bedingung, dass jährlich von jeder Hofstatt ein Solidus zu zwölf Denaren an die Kirche oder das Kloster bezahlt werden soll. Wenn derjenige stirbt, dem das Gut geliehen war, soll die Kirche wieder in den Besitz ihres Gutes kommen. Und wenn erneut die Notwendigkeit dazu zwingt, dass der Fürst es befiehlt, soll die Landleihe (*precarium*) wiederholt und von Neuem beurkundet werden. Und im Ganzen soll darauf geachtet werden, dass Kirchen und Klöster, deren Land als Prekarie verliehen ist, nicht Mangel und Not leiden; vielmehr soll, wenn die Armut es notwendig macht, der Besitz ungeschmälert der Kirche oder dem Gotteshaus zurückgegeben werden.»

Die Regelung führt zweifellos Kriegsdienst und prekarische Leihen kirchlicher Güter zusammen. Nur wird damit – dem Wortlaut des Textes nach – nicht ein Problem gelöst, das schon seit Längerem, namentlich seit der Zeit Karl Martells bestanden hätte. Die Bestimmung ist nicht auf die Vergangenheit, sondern auf Gegenwart und Zukunft gerichtet: Sie argumentiert mit den *imminentia bella*, den «drohenden Kriegen». Die ältere Vermutung, in Les Estinnes hätten Hausmeier und Bischöfe einen Kompromiss ausgehandelt, um Karls «Säkularisationen» rückgängig zu machen, ruht demnach auf tönernen Füßen.

2) Das zweite große Argument der Kritiker lautet: Die bisherige Forschung hat vieldeutige Wörter in Texten der Karolingerzeit vorschnell als Belege für Institutionen im Sinne ihres wissenschaftlichen Modells vom Lehnswesen vereinnahmt. Tatsächlich werden in etlichen Quellen der Zeit *vassi* erwähnt, und noch viel häufiger ist von *beneficia* die Rede. Auch sind schon

aus dem 8. Jahrhundert Urkunden überliefert, in denen ausdrücklich *vassi* genannt werden, die mit einem *beneficium* ausgestattet sind. So schenkte etwa ein Mann namens Podal Mitte Dezember 756 dem Kloster St. Gallen sein Eigentum in Habsheim, Kembs sowie an einem nicht sicher identifizierten Ort namens *Rudolfovilare* – und zwar näherhin, «soviel mir mein Vater an diesen Orten bei seinem Tode vererbt hat und meine *vassi* mit Namen Amalghis und Winfrid ebenda als unser *beneficium* innehaben». Karl der Große übereignete dem Kloster Echternach zwischen 777 und 797 die *villa Douuendorf* im Moselgau, «die unser *vassus* Gerald bis jetzt durch unser *beneficium* innehatte». Die Liste solcher Beispiele ließe sich leicht verlängern.

Die ältere Forschung hat nun derartige Passagen ohne viel Aufhebens als Belege für den inneren Zusammenhang von Vasallität und Lehen interpretiert, mithin als Beweise für die Entstehung des Lehnswesens. Eindeutig sind derartige Stellen jedoch keineswegs. Denn letztlich geben sie gerade das nicht zu erkennen, worauf es in unserem Zusammenhang ankäme: Was genau war mit *vassus* und *beneficium* jeweils gemeint? Welche historischen Phänomene wurden damit bezeichnet? Und entsprachen diese Phänomene zumindest annäherungsweise dem, was das Modell des Lehnswesens behauptet? Wir wissen nicht, welche Aufgaben Podals *vassi* Amalghis und Winfrid zu erfüllen hatten oder welche Dienste Karls *vassus* Gerald leistete. Wir wissen nicht, ob sie ihre *beneficia* überhaupt als Ausstattung für ihren Dienst innehatten, konkret für Kriegsdienst und Reisen zum Hof des Herrn. Wir wissen nicht, ob ihre *beneficia* rechtlich rückgebunden waren an die Vasallität, wie es das Modell des Lehnswesens postuliert. Vielleicht hatten Amalghis, Winfrid und Gerald – unabhängig von ihrem Status als *vassi* – diese Güter auch zu anderen Konditionen inne, etwa als prekarische Leihen?

Das methodische Problem besteht also in der Mehrdeutigkeit von Wörtern. *Vassus* muss mitnichten einen Vasallen bezeichnen, wie er im Modell des Lehnswesens beschrieben wird; *beneficium* kann in der Grundbedeutung eine «Wohltat» meinen, daneben aber auch für unterschiedliche Besitzverhältnisse stehen. Gleichwohl hat die ältere Forschung dahin tendiert, *vassi* als Vasallen und *beneficia* wenigstens in der Regel als Lehen im engeren Sinne zu interpretieren. Und damit nicht genug: Sie hat sogar viel unspezifischere Wörter wie *fideles* («Getreue»), *homines* («Männer»), *milites* («Krieger») und dergleichen mehr ohne Weiteres als Belege für Vasallen gedeutet.

Erklärlich wird das erst, wenn man sich die Forschungsgeschichte zu Lehen und zu anderen Formen der Landleihe vergegenwärtigt. Dann lässt sich nämlich erkennen, wie sich im Laufe der Zeit der Umgang mit dem Quellenwort *beneficium* bedenklich verengt hat. Die große Nähe zwischen prekarischer Leihe und Lehen hatten schon Historiker des 19. Jahrhunderts beobachtet und diskutiert. Sie hatten auch schon bemerkt, dass es im 9. Jahrhundert (aber auch noch lange danach) *beneficia* gab, die nicht mit einer vasallitischen Bindung des Beliehenen einhergingen. Deshalb führte man die wissenschaftliche Unterscheidung von «bäuerlichem» oder «nichtvasallitischem Lehen» einerseits und «ritterlichem» oder «vasallitischem Lehen» andererseits ein. Diese Terminologie konnte nun allerdings die Annahme nahelegen, dass nichtvasallitische Landleihen vor allem ein Phänomen der bäuerlichen Welt gewesen seien. Das war mitnichten der Fall! Auch Adlige und sogar Könige konnten im 9. Jahrhundert *beneficia* innehaben.

Die irreführende Terminologie sollte sich wissenschaftlich schon bald als fatal erweisen. Einflussreiche Darstellungen des Lehnswesens, die in den 1930er und 40er Jahren vorgelegt wurden, schlossen das «bäuerliche Lehen» von vornherein aus der Betrachtung aus, weil es ja für die Geschichte des Wirkverbundes von Vasallität und Lehen nicht einschlägig sei. Damit geriet aber aus dem Blick, wie schwierig es auf der Grundlage der schütteren Überlieferung ist, im Einzelfall ein «vasallitisches Lehen» überhaupt von anderen Formen der Leihe zu unterscheiden. Erst in jüngerer Zeit haben Susan Reynolds und Brigitte Kasten wieder mit Nachdruck auf die Offenheit der Quellenformulierungen hingewiesen. Wir sind also gut beraten, jeweils genau zu prüfen, was das Wort *beneficium* in einem bestimmten Text bedeuten könnte.

Mit dem Wort *vassus* steht es kaum besser. Es erscheint in

Texten des späteren 8. und 9. Jahrhunderts seltener, als man auf der Grundlage der älteren Forschung annehmen könnte. Und auch in diesem Fall ist – darauf hat Susan Reynolds hingewiesen – nicht ausgemacht, dass das Wort stets einen Vasall im Sinne unseres Modells des Lehnswesens meinte. Umso riskanter ist es, sogar Wörter wie *fidelis*, *miles* oder *homo* rundheraus als Belege für Vasallen in Anspruch zu nehmen.

Die methodischen Schwierigkeiten lassen sich auch hier wieder am besten an konkreten Beispielen anschaulich machen. Betrachten wir deshalb drei Fälle aus der Nähe.

a) Am 13. November des Jahres 779 schenkte Karl der Große dem Kloster Fulda jene Güter, die ein gewisser Otakar im Wormsgau an insgesamt vier Orten als *beneficium* gehabt hatte. Es ging um einiges: Allein in Mainz umfasste das *beneficium* 25 Hofstellen, 56 Unfreie und 16 Liten («Halbfreie»), außerdem mehrere Weinberge. In der Urkunde bezeichnete der König den Otakar als seinen «Getreuen» (*fidelis*). Die Forschung hat vorausgesetzt, dass Otakar ein Vasall des Königs gewesen sei und die reichen *beneficia*, von denen die Urkunde zeugt, als Lehen erhalten habe.

Aus anderen Fuldaer Urkunden erfahren wir nun über Otakar noch etwas mehr. Bereits ein Vierteljahrhundert zuvor, im Juni 754, hatte er dem Kloster einen Weingarten bei dem Ort Wackernheim geschenkt, der ebenfalls im Wormsgau lag, zwischen Mainz und Ingelheim. Im Februar 772 übereignete er den Mönchen außerdem einen Herrenhof mitsamt einem Haus, das er selbst bewohnte, dazu die Hälfte seines Eigentums, das er in Wackernheim von seinen Eltern geerbt oder zwischenzeitlich hinzuerworben hatte, sowie die Hälfte seines Gutes in Saulheim. Allerdings sollten die Mönche all dies erst erhalten, wenn Otakar selbst, seine Frau Hruodswind und seine Tochter Lantswind verstorben wären. Lantswind war bei dem Rechtsakt übrigens als Zeugin zugegen und wird als solche in der Urkunde auch an erster Stelle genannt. Anfang Mai 774 erwies sich Otakar wiederum als großzügig: Er schenkte Fulda gemeinsam mit seiner Gemahlin deren Morgengabe, nämlich eine Hofstelle, einen Weingarten und 45 Tagwerke Ackerland in Saulheim;

darüber hinaus übereigneten die beiden Eheleute den Fuldaer Mönchen in Wackernheim eine weitere Hofstelle mitsamt Haus, einen Weingarten, eine Wiese und vier Unfreie – all dies aber wiederum erst nach ihrem eigenen und ihrer Kinder Tod. Im November des folgenden Jahres, also 775, gab Otakar – diesmal mit sofortiger Wirkung und ausdrücklich für das Seelenheil seiner (damals noch lebenden) Gemahlin Hruodswind – die Hälfte von zwei Tagwerken Land an eine Kirche in Bretzenheim, die ihrerseits dem Kloster Fulda übertragen worden war. Andere Fuldaer Urkunden, in denen unser Otakar als Besitznachbar genannt wird, belegen im Übrigen, dass er noch über weitere Ländereien verfügte.

Der Mann war also alles andere als ein Habenichts! Allein das Eigengut, das er nach und nach dem Kloster Fulda schenkte, hätte zweifellos ausgereicht, um eine gute Ausrüstung für den Kriegsdienst als *vassus* zu finanzieren. Möglicherweise beschloss Otakar im Herbst 779, selbst in das Kloster Fulda einzutreten. Zuvor könnte er Karl davon überzeugt haben, bei dieser Gelegenheit die *beneficia* in Mainz und an drei anderen Orten, die er bis dato von dem König erhalten hatte, den Fuldaer Mönchen zu schenken.

Die ältere Forschung hat Otakar und seinesgleichen ohne viel Aufhebens als Vasallen angesehen, die vom König ein Lehen hielten. Die überlieferten Urkunden lassen sich aber hier wie in vielen weiteren Fällen auch anders deuten: Tatsächlich wird Otakar weder in der Urkunde Karls des Großen, noch irgendwo sonst als *vassus* oder *vasallus* bezeichnet; er wird viel unspezifischer als *fidelis*, «Getreuer», angesprochen. In einem Text, der ein Gerichtsurteil zugunsten des Klosters Lorsch dokumentiert, unterschied Karl bezeichnenderweise fein säuberlich zwischen seinen *fideles* (den Grafen Haginus, Rothland, Wiching und Frodegar) einerseits und seinen *vassi* (Theoderich, Barthald, Albwin, Frodbert und Gunthmar) andererseits. So dürfen wir annehmen: Unser Otakar war ein begüterter, ja wohlhabender freier Mann, der dem König treu, loyal war. Als Lohn für seine Loyalität erhielt er vom König eine hübsche prekarische Leihe. Eine vasallitische Bindung und ein Lehen, die nirgends bezeugt sind, muss man weder hier noch in den vielen Parallelfällen vermuten, die in ähnlicher Weise überliefert sind.

b) Das zweite Beispiel macht ebenfalls die Mehrdeutigkeit des Wortes *beneficium* anschaulich. Zwischen einer klassischen prekarischen Leihe und einem Lehen, wie es im Modell des Lehnswesens angenommen wird, scheint zumindest *ein* Unterschied zu bestehen: Anders als ein Lehen kennt eine Prekarie keinen Herrenfall. Da das Lehen an die persönliche Bindung zwischen Herrn und Vasallen gekoppelt ist, endet es in dem Moment, in dem der Herr stirbt; bei einer prekarischen Leihe fällt dagegen das betreffende Gut nach dem Tod des Eigentümers an dessen Erben, während der Nießbrauch, der ja vertraglich auf einen bestimmten Zeitraum geliehen worden ist, normalerweise weiter beim Prekaristen verbleibt. So könnte der Herrenfall gleichsam als Lackmus-Test erscheinen, um Prekarie und Lehen voneinander zu scheiden. Wenn sich seit dem späteren 8. Jahrhundert im Frankenreich das Lehnswesen wirklich dynamisch entfaltet hat, dann müssten in der Überlieferung, die sich in den Jahrzehnten um 800 insgesamt kräftig verdichtet, auch Spuren des Herrenfalls sichtbar werden.

François-Louis Ganshof, und mit ihm die ältere Forschung, haben dies in der Tat spätestens seit Anfang des 9. Jahrhunderts als gegeben angesehen. Als Schlüsselzeugnis galt ein kurzer Brief, den der hochgelehrte und einflussreiche Höfling Einhard nach dem 12. November 832 an zwei Würzburger Geistliche namens Egilolf und Hunbert geschickt hatte:

«Ich weiß, dass Euch bestens bekannt ist, dass der Bischof Wolfgar seligen Angedenkens auf meine Bitte hin unseren Mann (*homo*) Gerbert in dem Gau *Dubargauue*, an dem Ort, der *Asgbah* genannt wird, auf Rechnung des heiligen Kilian drei Hofstellen und zwölf Unfreie als Leihe gegeben hat (*beneficiavit*). Aber weil dies nur so lange bleiben konnte, wie er [also Bischof Wolfgar] in seinem Körper lebte, bitte ich Eure Gütigkeit, dass Ihr dem erwähnten Gerbert erlaubt, jenes *beneficium* zu haben, wie er es jetzt hat, bis in diesem Bischofssitz ein Bischof geweiht und zwischen ihm und mir eine Übereinkunft erzielt sein wird, was mit diesem selben *beneficium* in Zukunft werden soll.»

Ganshof hat in Gerbert einen «Vasallen des Bischofs von Würzburg» sehen wollen und den Brief auf dieser Grundlage als Beleg für einen Herrenfall betrachtet: Der Bischof Wolfgar von Würzburg war verstorben, der Herrenfall eingetreten, sein Vasall Gerbert musste nun neu um Erteilung seines Lehens in Asbach bitten (die Siedlung existiert heute nicht mehr). Damit wäre zumindest in diesem Falle der innere, rechtliche Zusammenhang zwischen Vasallität und Lehen bewiesen.

Das Problem ist nur: Einhard bezeichnete Gerbert in dem kurzen Schreiben nicht als Vasallen des Bischofs von Würzburg, sondern als seinen eigenen Mann (*homo nostro*) – übrigens eine offene Formulierung, die nicht einmal eine Vasallität zwischen Einhard und Gerbert belegt. Die Sache war demnach komplizierter, als es das Modell des Lehnswesens erlaubt: Einhard hatte sich für seinen Mann beim Bischof Wolfgar eingesetzt und für ihn eine Landleihe aus dem Besitz von St. Kilian erwirkt. Diese Leihe war auf Lebenszeit des Bischofs befristet – leider ohne dass wir die Hintergründe dafür im Einzelnen kennten. Deswegen hielt Einhard nun erneut für seinen Mann Fürsprache; dabei ging es zunächst nur um eine zeitlich befristete Zwischenlösung, bis in Würzburg ein neuer Bischof gewählt wäre. Mit dem Nachfolger Wolfgars wollte Einhard dann neu aushandeln, was mit Gerberts *beneficium* geschehen sollte. Und Einhard ging sogar noch etwas weiter: Die Formulierung impliziert seinen Anspruch, bei der Leihe des Nießbrauchs an dem Land in Asbach ein gehöriges Wörtchen mitzureden.

Während das Modell des Lehnswesens von einer Beziehung zwischen einem Herrn und seinem Vasallen, also zwischen nur zwei Parteien ausgeht, sind hier drei Parteien im Spiel. Dass Gerbert überhaupt jemandes Vasall war, ist dabei aber gar nicht sicher. So belegt Einhards Brief bei näherem Hinsehen mitnichten einen klassischen Herrenfall. Das Schreiben belegt vielmehr, wie flexibel die Zeitgenossen um 830 die Mehrschichtigkeit von Anrechten auf ein Stück Land nutzen konnten, um Beziehungen zu knüpfen und zu pflegen. Zu dieser Flexibilität gehörte nun aber auch, dass eine Leihe sogar ohne vasallitische Bindung an den Leihegeber auf dessen Lebenszeit befristet werden konnte.

Das Beispiel läuft damit unserer Erwartung zuwider, dass sich über den Herrenfall eine prekarische Leihe und ein Lehen klar voneinander scheiden ließen.

c) Der dritte und letzte Fall stammt aus Baiern, näherhin aus der Diözese Freising. Hier hatte, wie eine Traditionsnotiz aus dem 9. Jahrhundert belegt, der Bischof Atto bald nach dem 17. Juni 807 ein *beneficium ecclesiae* an dem Ort Thankirchen an seinen *homo* namens Uuldarich gegeben, der sich seinerseits selbst auf Lebenszeit dem Dienst (*servitium*) des Bischofs und der Bischofskirche von Freising unterstellte. Die Notiz vermerkt ausdrücklich, Uuldarich habe das *beneficium* unter der Bedingung erhalten, dass er im Dienst für die Domkirche von Freising *fideliter*, also treu, loyal bliebe; sollte er sich anders verhalten, werde er seines *beneficium* verlustig gehen. Ganshof hat auch diesen Text gemäß dem Modell des Lehnswesens interpretiert: Er hat darin einen Beleg dafür gesehen, dass das Lehen rechtlich an die Vasallität rückgebunden gewesen sei – schließlich werde hier ja der Verlust des Lehens für den Fall der Untreue angedroht. Auch in diesem Falle aber hat Ganshof sehr schnell von dem Wort *beneficium* auf ein Lehen, vom unspezifischen Wort *homo* auf einen Vasallen und vom nicht minder bedeutungsoffenen Wort *servitium* auf den Vasallendienst des Uuldarich gefolgert. Auch in diesem Falle ist jedoch anderes denkbar. Als *vassus* wird Uuldarich nicht bezeichnet. Fest steht lediglich: Das *beneficium* war eine auf Uuldarichs Lebenszeit befristete Leihe, die er gegen die Verpflichtung zum Dienst für die Freisinger Kirche erhielt. Wie sah dieses *servitium* konkret aus? Entsprach es dem, was das Modell des Lehnswesens postuliert? Sollte Uuldarich also beispielsweise für Atto in den Krieg ziehen? All dies bleibt im Text offen. Aus anderen Freisinger Traditionsnotizen erfahren wir über unseren Mann oder seine Familie leider auch nichts Näheres. Wir können daher nur Vermutungen anstellen: Das Bistum Freising hatte die Kirche in Thankirchen nur mit hohem Aufwand vom Kloster Tegernsee gewinnen können. Vielleicht sollte Uuldarich die Kirche mit seinem *servitium* sichern? Im Übrigen ist die Notiz mit ihrer Verbindung von *beneficium* und *servitium* alles andere als typisch: Im reichen Freisinger Material findet sich nur ein einziger Parallelfall.

Die jüngere Forschung hat an etlichen weiteren Beispielen solcher Art herausgearbeitet, wie irreführend es für das 8. und 9. Jahrhundert ist, von dem Wort *beneficium* ohne Weiteres auf ein Lehen zu schließen und den Inhaber eines solchen *beneficium* sogar dann noch als Vasallen anzusprechen, wenn er in unseren Quellen lediglich als *fidelis* oder *homo* firmiert. Je weiter diese kritische Detailforschung an einzelnen Texten voranschreitet, desto fraglicher wird es, ob sich überhaupt eine einigermaßen verbreitete Praxis nachweisen lässt, die in etwa dem Modell des Lehnswesens entspricht. Brigitte Kasten hat daher die Ansicht vertreten: Das Wort *beneficium* sollte in Quellen auch noch des 9. Jahrhunderts in aller Regel als «prekarische Leihe», nicht als «Lehen» übersetzt werden.

3) Nehmen wir allein schon die drei willkürlich herausgegriffenen Beispiele Otakars, Gerberts und Uuldarichs zusammen, dann wird das dritte Argument der Kritiker nachvollziehbar. Es lautet: Die Überlieferung lässt erkennen, dass die soziale Wirklichkeit hinter Wörtern wie *vassus*, *beneficium*, *servitium* so vielgestaltig war, dass das Modell des Lehnswesens nutzlos wird. Um bei unseren Beispielen zu bleiben: Otakar war ein wohlhabender Mann, der respektable Ländereien in Mainz, Wackernheim und Saulheim, vielleicht auch noch an anderen Orten mehr, von seinen Eltern geerbt und im Laufe seines Lebens durch Kauf oder Tausch erworben hatte. Außerdem hatte er (mindestens) ein ziemlich beeindruckendes *beneficium* aus der Hand des Königs inne. Er war deshalb in der Lage, dem aufstrebenden Kloster Fulda gleich mehrfach Schenkungen zu machen – und vielleicht sogar in dieser Abtei seinen Lebensabend zu verbringen. Otakar gehörte mithin zumindest einer regionalen Elite an. Gerbert, der *homo* Einhards, nimmt sich im Vergleich dazu eher bescheiden aus. Er war offenbar auf ein ziemlich kleines *beneficium* der Würzburger Kirche von drei Hofstellen mit zwölf Unfreien angewiesen. Immerhin hatte er aber einen mächtigen Patron – niemand Geringerer als der alte und ehrwürdige Höfling Einhard, zu dessen Klientel er zählte,

setzte sich für ihn ein. Vielleicht dürfen wir uns Uuldarich in der Diözese Freising sogar noch tiefer in der sozialen Hierarchie stehend vorstellen: Er muss sich selbst der Kirche von Freising zum Dienst «übereignen» (*tradere*), um im Gegenzug dafür ein *beneficium* an einem einzigen Ort zu erhalten, jedoch nur unter der ausdrücklichen Bedingung, dass er immer treu diene. Was haben wir gewonnen, so fragen die Kritiker, wenn wir diese drei unterschiedlichen Lebenswelten (und noch etliche mehr) in die starre Begrifflichkeit von Vasallität und Lehen pressen? Für eine differenzierte sozialgeschichtliche Analyse zum Frankenreich des 9. Jahrhunderts eignen sich die Begriffe schlecht.

4) Das vierte Argument der Kritiker richtet sich gegen die Annahme der älteren Forschung, dass die fränkischen Könige spätestens im Laufe des 9. Jahrhunderts auch die Eliten – und hier zumal die Bischöfe, Äbte und Grafen – durch Vasallität an sich gebunden hätten. Ganshof war noch der Ansicht, schon Karl der Große habe «in weitem Umfang die Grafen und andere höhergestellte Vertreter der öffentlichen Gewalt» veranlasst, «in seine Vasallität einzutreten – eine Politik, die bereits sein Vater angewandt hatte». Susan Reynolds, Brigitte Kasten, Roman Deutinger und andere mehr haben dagegen argumentiert, dass durch die gesamte Karolingerzeit hindurch klar unterschieden worden sei zwischen königlichen *vassi* einerseits und Amtsträgern wie Bischöfen, Äbten und Grafen andererseits. Die Kritiker haben dabei ihren Feldzug gleich aus zwei Richtungen geführt: Zum einen zielen sie auf das Paradebeispiel Tassilos III., der in der älteren Forschung gleichsam als erster Vasall aus gutem Hause galt. Zum anderen stellen sie die Behauptung in Frage, die Karolinger hätten im 9. Jahrhundert Bistümer, Abteien und Grafschaften als Lehen an Vasallen ausgegeben.

Betrachten wir zunächst den Fall Tassilos III., den Matthias Becher neu aufgerollt hat. Die sogenannten Reichsannalen, die über Tassilo ausführlich berichten, stammen zwar zweifellos aus einem wohlinformierten Kreis: Sie wurden von Geistlichen am Hof Karls des Großen abgefasst. Doch entstanden sämtliche frühen Jahresberichte von 741 bis mindestens 788 in einem

Zug, und sie wurden in einer politisch brisanten Situation niedergeschrieben. 788 ließ Karl der Große dem Baiernherzog Tassilo, der sein Vetter war, auf einer großen Versammlung in Ingelheim den Prozess machen. Tassilo wurde zum Tode verurteilt, von Karl jedoch begnadigt. Allerdings musste der Baiernherzog die Ingelheimer Versammlung darum bitten, «in ein Kloster eintreten und seine vielen Sünden bereuen zu dürfen, um seine Seele zu retten» – so formulierten es Karls Hofhistoriographen. Tatsächlich wurde Tassilo ins Kloster Jumièges eingewiesen und damit von der Herrschaft ausgeschlossen. Auch Tassilos Sohn Theoto wurde in Ingelheim verurteilt und zum Mönch geschoren.

Der Vorwurf, den man 788 den Reichsannalen zufolge gegen Tassilo erhob, lautete Fahnenflucht: Tassilo habe «bei einem Heereszug den König Pippin verlassen, was man in der Volkssprache ‹harisliz› nennt», heißt es in dem Text. Die Geschichte der Jahre von 741 an, die die Annalisten im Auftrag des Karlshofes eben seit 788 niederschrieben, diente offensichtlich unter anderem dazu, diese Anklage historisch zu untermauern. Zu diesem Zweck behaupteten die Annalisten, Tassilo sei 757 Pippins *vassus* geworden – eine Bindung, die ihn zum Kriegsdienst für seinen Herrn verpflichtet hätte. Doch wissen einzig und allein die Reichsannalen und Quellen, die von ihnen abhängen, von diesem frühen Eintritt Tassilos in die Vasallität. Wir dürfen daher skeptisch sein: Der Verdacht liegt nahe, dass die offiziöse Historiographie hier eine Geschichte konstruierte, die geeignet war, die Absetzung des bairischen Herzogs im Schauprozess von 788 zu rechtfertigen. Das aber heißt: Es ist alles andere als sicher, dass sich Tassilo aus freien Stücken schon 757 zu Pippins Vasall gemacht hatte und fortan die Vasallität auch für die Eliten attraktiv wurde.

Tatsächlich könnte man die Reichsannalen auch gerade umgekehrt interpretieren: Sie berichten nämlich auch noch einmal zu 787 von einem mit Waffengewalt erzwungenen Handgang Tassilos, durch den er Karls Vasall geworden sei. Ein solcher Handgang, bei dem man die Hände ineinandergefaltet in die Hände des Herrn legte, war also offenbar kein ehrenvoller Akt, sondern eine erniedrigende Unterwerfung. Es ist deshalb gut denkbar, dass die Annalisten den früheren Handgang mitsamt Treueid und vasallitischer Bindung erfanden, um Tassilo zu demütigen und die Absetzung des vermeintlich untreuen Herzogs zu legitimieren. In diesem Falle wären die Reichsannalen sogar ein Beleg dafür, dass die Vasallität noch Ende der 780er Jahre für die Eliten gerade keine attraktive Form der Bindung an den fränkischen König war. Auch bleibt der innere Zusammenhang der Vasallität mit einem *beneficium* im Falle Tassilos mehr als vage. Insgesamt weist sein Sturz eher darauf hin, dass die Vasallität zwar als Bindungsform existierte, aber noch als wenig ehrenvoll galt und nicht zwingend an die Vergabe eines Lehens gebunden war.

Im Laufe des 9. Jahrhunderts finden wir dann zwar eine ganze Reihe von *vassi*, nur werden sie in den Erlassen und Verlautbarungen der Könige in Aufzählungen erst hinter Bischöfen, Äbten und Grafen als eigene Gruppe genannt. Es ist der Forschung bisher noch nicht gelungen, für das 9. Jahrhundert sicher nachzuweisen, dass ein hoher Amtsträger gleichzeitig als *vassus* des Königs bezeichnet worden wäre. Kein Bischof, kein Graf, kein Abt wird je zweifelsfrei in dieser Weise tituliert! Es lässt sich zwar in mehreren Fällen wahrscheinlich machen, dass ein *vassus* eines Königs ein solches Amt übertragen erhielt; fortan aber wird er in den Quellen gerade nicht mehr als *vassus* bezeichnet, sondern als Bischof, Abt oder Graf. Der hochgebildete Reichenauer Mönch Walahfrid Strabo, der seit den späten 820er Jahren am Hof geweilt hatte, verglich Anfang der 840er Jahre die geistlichen und die weltlichen Würdenträger miteinander. Die Bischöfe stellte er den Grafen gegenüber, die Militärtribune den Äbten, den Pfalzgraf dem Erzkapellan. Die Vasallen des Königs (*vassi dominici*) sah er als eigene Kategorie – neben Bischöfen, Grafen, Äbten. Walahfrid verglich sie mit den *cappellani minores*, den Hofgeistlichen im Dienst des Königs. Der Vergleich aus der Feder eines gebildeten und politisch wohlinformierten Zeitgenossen passt schlecht zu der älteren Annahme, Bischöfe, Äbte und Grafen seien in aller Regel durch die Vasallität an den König gebunden gewesen.

Roman Deutinger hat darüber hinaus darauf aufmerksam gemacht, dass bisher auch noch kein einziger «Aftervasall» für das Frankenreich des 8. und 9. Jahrhunderts nachgewiesen werden konnte. Die überlieferten Texte kennen zwar *vassi* des Königs; und sie kennen auch *vassi* von Großen, wie etwa Bischöfen oder Grafen. Im Herbst des Jahres 882 schrieb der damals schon hochbetagte Erzbischof Hinkmar von Reims eine kleine Abhandlung über «die Ordnung des Hofes» (*De ordine palatii*). Darin erwähnte er auch solche *vassi* und *pueri*, die nicht dem König direkt unterstellt waren: Sie waren in seinen Augen – neben den Leuten ohne Amt und den Schülern – eine der Gruppen, die von den Mächtigen bei Hof mitversorgt wurden. Aber ein *vassus*, dem seinerseits wieder *vassi* unterstellt gewesen wären, ist bisher noch nicht gefunden. Verzichtet man auf die Annahme, alle Grafen und Bischöfe seien bereits im Laufe des 9. Jahrhunderts durch Vasallität an den König gebunden worden, so wird auch die Existenz von Aftervasallen fraglich.

Was sich Handfestes über die *vassi* und *vassalli* sagen lässt, die in Texten des karolingerzeitlichen Frankenreichs genannt werden, ist nicht allzu viel: Es handelte sich um Personen, die dem König oder einem anderen Mächtigen dienten. Sie wurden vor allem für den Kriegsdienst herangezogen; hier führten sie meist eher kleine Kontingente. Darüber hinaus konnten sie aber auch für verschiedene andere Aufgaben herangezogen werden – etwa als Boten und Gesandte. Und fest steht auch dies: Durchaus nicht alle *vassi* der Karolingerzeit wurden von ihrem Herren mit einem *beneficium* ausgestattet. Als «Lehnsleute» dürfen wir *vassi* in der Karolingerzeit deshalb nicht bezeichnen.

3. Ergebnis

Nehmen wir die Argumente der Kritiker ernst, so verschiebt sich unser Bild des Karolingerreiches ganz erheblich. Statt eines einigermaßen klar strukturierten Lehnswesens, das gleichsam das Rückgrat von Gesellschaft, Wirtschaft, Militärwesen und Politik bildete, sehen wir dann nämlich ein reichlich diffuses Spektrum mannigfaltiger Möglichkeiten, personale Bindungen zu begründen mit Hilfe einer zeitlich befristeten Trennung verschiedener Rechte an Gütern. Statt eines festen Verbunds von Vasallen und Lehen sehen wir, wie flexibel Zeitgenossen verschiedene Praktiken miteinander kombinierten, nicht nur in Beziehungen zwischen zwei, sondern auch zwischen drei oder mehr Akteuren. Wir sehen Kauf, Tausch, Schenkung, Vererbung, Leihe, Verpachtung von Land zu unterschiedlichsten Bedingungen. Wir sehen die zeitlich befristete Aufteilung unterschiedlicher Rechte an ein und demselben Gut, sehen Eide verschiedener Art und unterschiedlichen Inhalts, andere Rituale, die persönliche Bindungen herstellen und anschaulich machen, sehen Klientelverhältnisse, die sich sowohl aus der hohen Bedeutung von einflussreichen Fürsprechern erklären als auch aus dem Fehlen eines staatlichen Gewaltmonopols. Und wir sehen nicht zuletzt die hohe Bedeutung von Krieg und Kampf.

All das zusammengenommen hat das Handeln der Eliten im Frankenreich des 8. und 9. Jahrhunderts in hohem Maße bestimmt. Zugleich aber hatten jene Autoren, die damals über ihre Zeit berichteten, wenig Mühe damit, eine politische Sprache zu verwenden, die aus der Antike stammte: In diesem Modus schrieben sie von «Kaisertum» (*imperium*), «Reich/Herrschaft» (*regnum*), «Amt» (*officium*), «Gemeinwesen» (*res publica, civitas*), «Heer» (*exercitum*), auch von «Volk» (*populus*), «Recht» und «Gesetz» (*ius, lex*) und etlichem anderen mehr. Die Ordnungen, die dem Handeln der Menschen einen Rahmen setzten, ergaben sich aus dem komplexen Neben- und Ineinander der alltäglichen Praxis und der politischen Sprache der römischen Antike. Nach dem gegenwärtigen Stand der Forschung spricht nichts dafür, dass das Modell des Lehnswesens hilft, diese Komplexität zu erfassen und angemessen zu beschreiben.

Die jüngere Kritik an dem klassischen Bild des Lehnswesens hat nun aber erhebliche Konsequenzen auch für unsere Vorstellungen von Lehen und Vasallität in der nachfolgenden Zeit. Die ältere Forschung hatte nämlich angenommen, seit dem späteren 9. Jahrhundert hätten drei Entwicklungen das Lehnswesen tiefgreifend transformiert: Erstens seien Lehen erblich geworden; zweitens habe das Lehen Vorrang erhalten vor der Vasallität;

und drittens habe sich allmählich die Mehrfachvasallität durchgesetzt. Zusammengenommen, so sah es die Forschung, hätten diese drei Entwicklungen die Wirkung des Lehnswesens in der politischen und sozialen Ordnung so dramatisch verändert, dass seine ursprünglichen Funktionen in den Hintergrund traten oder sogar ganz verloren gingen.

Die Erklärung dafür schien auf der Hand zu liegen: Wenn Vasallen ihre Lehen an ihre Söhne vererbten, dann mussten ihre Familien nicht mehr bei jedem Herren- und Mannfall um ihr Lehen bangen. So konnten sie sich allmählich immer weiter dem Einfluss ihres Herrn entziehen. Als eine entscheidende Etappe in dieser Entwicklung galt ein Erlass, den Karl der Kahle, ein Enkel Karls des Großen, Mitte Juni 877 in Quierzy hatte verkünden lassen. Darin hatte der Kaiser jedem Grafen zugesichert, dass ihm sein Sohn im Amt nachfolgen werde. Weiter heißt es wörtlich: «genauso ist es auch in bezug auf unsere Vasallen zu machen». Diese Bestimmung betrachtete die ältere Forschung als Zäsur in der Geschichte des Lehnswesens: Von hier aus habe jener Weg seinen Anfang genommen, der schließlich im 10. Jahrhundert dazu geführt habe, dass die Herrscher allgemein die Erblichkeit der Lehen akzeptiert hätten.

In der Folge erlangte das Lehen Priorität vor der Vasallität. Nach dem Modell des Lehnswesens war ein Lehen zunächst ja nicht mehr als eine Ausstattung, die den Vasallen in die Lage versetzen sollte, den Dienst für seinen Herrn zu leisten. Nun aber, da die Lehen erblich wurden, begriff man die Vasallität bald als sekundär, als Folge des Lehens: Wer von seinem Vater ein Lehen erbte, der musste dafür dem Eigentümer des Lehens dienen. Mediävisten sprachen von einer «Verdinglichung des Lehnswesens».

Schließlich hatte die Erblichkeit von Lehen aber auch noch eine weitere Konsequenz. Es konnte nun nämlich leicht der Fall eintreten, dass einem Vasallen Lehen von unterschiedlichen Herren zufielen – etwa indem er nicht nur das Lehen seines Vaters, sondern auch das seines Onkels oder Bruders erbte. Weil nun Lehen immer auch den Reichtum und damit den Handlungsspielraum steigerten, schlugen Vasallen in aller Regel ein solches Erbe nicht aus. Ganz im Gegenteil, sie strebten sogar danach, möglichst viele Lehen zu erhalten. Die Folge war Mehrfachvasallität: Vasallen dienten nicht mehr nur einem einzigen Herrn, sondern mehreren – all jenen, von denen sie Lehen hielten. Dass sich damit der Charakter der Vasallität zutiefst wandelte, schien der älteren Forschung klar: Ein Mann kann nicht im Dienste zweier Herren gleichzeitig in zwei Schlachten ziehen; er kann nicht zwei Höfe zugleich aufsuchen, um dort zwei Herren Rat zu erteilen. Besonders interessant wurde es, wenn die Herren eines Vasallen untereinander in Konflikt gerieten: Welchen seiner Herren sollte der Vasall dann unterstützen?

Die ältere Literatur diagnostizierte deshalb geradezu eine «Entartung» des Lehnswesens. Im 8. Jahrhundert habe es den Karolingern dazu gedient, schwer gepanzerte Kriegerverbände aufzustellen, sehr bald auch dazu, die politischen Eliten in zweiseitigen Beziehungen an das Königtum zu binden. Seit dem späten 9. Jahrhundert dagegen habe nicht mehr nur die Zentralgewalt vom Lehnswesen profitiert, sondern auch der Adel.

Erst vor diesem Hintergrund wird verständlich, wie brisant die jüngere Generalkritik an der überkommenen Forschung ist. Wenn es einen Wirkverbund von Lehen und Vasallität im 8. und 9. Jahrhundert gar nicht gab, dann heißt dies: Das Lehnswesen bildete sich überhaupt erst in jener Form aus, die der älteren Forschung bereits in Teilen als Verfallsprodukt, als dysfunktional, «dekadent» und «entartet» erschien. Sofern die Kritiker Recht haben, wird man die soziale Logik des Lehnswesens anders beschreiben müssen als bisher üblich. Aber damit nicht genug: Mit dem Geburtstermin verschiebt sich auch der Geburtsort des Lehnswesens. Nicht mehr nur die Kernlande karolingischer Herrschaft im heutigen Belgien kommen in Betracht; auch in Oberitalien und in Südfrankreich wurde schon früh experimentiert mit dem Zusammenhang von Besitz, Treueiden und der Pflicht zu Rat und bewaffnetem Beistand.

Die Geschichte von Lehen und Vasallität im ausgehenden 10. und frühen 11. Jahrhunderts harrt allerdings noch einer neueren, grundlegenden Untersuchung. Immerhin hat Roman Deutinger bereits zeigen können, dass manche ältere Überzeugung zu korrigieren ist. Anders als man seit François-Louis Ganshof gemeinhin angenommen hatte, stammt der erste Beleg für Mehrfachvasallität möglicherweise nicht schon aus dem Jahr 895: Laut Deutinger war Ganshof hier schlicht einer viel jüngeren Fälschung aufgesessen! Sicher nachweisbar ist Mehrfachvasallität erst seit dem 11. Jahrhundert – eben in jener Zeit, für die sich auch sonst beobachten lässt, dass sich (Land-)Leihen und Vasallität einander annäherten.

Auch die Frage, ab wann denn Lehen erblich wurden, wird im Lichte der jüngeren Forschungsdiskussion noch einmal neu zu untersuchen sein. Das berühmte Kapitular von Quierzy vom Juni 877 lässt sich auch anders interpretieren. Karl der Kahle erließ den Text kurz vor seiner Abreise nach Italien; sein Ziel war es, die Regierung seines Sohnes Ludwig sicherzustellen, solange er selbst zusammen mit einem guten Teil der politischen Elite in Italien weilen würde. Für diese sehr spezifische Situation bestimmte der Kaiser, dass einem Grafen in der Regel sein Sohn im Amt nachfolgen sollte; allerdings war auch hier noch stets dem Kaiser selbst die Einsetzung vorbehalten.

Über *beneficia* dagegen äußert sich der Text nirgends, von einer «Erblichkeit» von «Lehen» ist explizit gar nicht die Rede. Stattdessen stellt das Kapitular auch den Vasallen in Aussicht, dass ihnen ihre Söhne nachfolgen sollen, sofern ein Vasall während der Abwesenheit des Kaisers verstirbt. Damit ist aber nur die Nachfolge in der Vasallität selbst garantiert. Wenn man eine feste, innere Verbindung von Vasallität und *beneficium* nicht schon voraussetzt, bezeugt das Kapitular von Quierzy mitnichten eine Grundsatzentscheidung über die Erblichkeit von Lehen. Es traf lediglich eine zeitlich befristete Sonderregelung für den Italienzug von 877. Die Garantie der Sohnesfolge in Amt und Status sollte Grafen und Vasallen für den ungeliebten, da riskanten Heereszug über die Alpen gewinnen. Wie im Falle der Mehrfachvasallität ist demnach auch für die Erblichkeit der Lehen mit einer anderen Chronologie zu rechnen: Auch sie war keine «Entartung», sondern gehörte offenbar von Anfang an dazu, als Lehen seit der Wende zum zweiten Jahrtausend entstanden. Dieser Entwicklung werde ich im folgenden Kapitel nachgehen.

3. Lehen und Vasallen vom 10. bis zum 12. Jahrhundert

Das 10. Jahrhundert gilt als Schlüsselzeit in der Ausbildung der europäischen Nationen, gleichsam als embryonale Phase Frankreichs und Deutschlands, aber auch Polens, Ungarns und etlicher anderer Nationen mehr. Das macht uns den Überblick über die Geschichte des Lehnswesens nicht leichter. Denn damit gerät auch die historische Forschung in den Würgegriff nationaler Traditionen. Kaum ein deutscher Mediävist untersucht heute die Geschichte Südfrankreichs oder Flanderns – während Kollegen aus Frankreich und Belgien sich gemeinhin wenig für Regionen weiter östlich des Rheins interessieren. Aber mehr noch: Auch in ihrer Art und Weise, Geschichte zu erforschen und zu schreiben, unterscheiden sich deutsche und französische Historiker. Das betrifft nicht zuletzt das Lehnswesen. In Frankreich wird das Thema spätestens seit Ende der 1930er Jahre viel weiter gefasst als in Deutschland. Lehen und Vasallität werden hier eingebettet in eine breite Geschichte der Gesellschaft und Wirtschaft, auch der Mentalität und Kultur. So haben französische Historiker intensiv darüber diskutiert, ob, wie und wann sich jene soziale Ordnung, die im 9. Jahrhundert etabliert worden war, wieder wandelte: Entstand eine neuartige Feudalgesellschaften («société féodale») schon in den Jahren um 900 – oder erst an der Wende zum zweiten Jahrtausend? War der Wandel gleitend und allmählich – oder abrupt, dramatisch, gewaltsam?

Die Grundzüge der Feudalgesellschaft hat schon 1939 der bedeutende französische Historiker Marc Bloch beschrieben. In seinem berühmten Buch über die «société féodale» hielt er als Merkmale fest: «Unterwerfung der Bauern; anstelle eines Gehalts, das im allgemeinen ja nicht möglich war, eine weite Verbreitung von Landleihe gegen Dienst, im engeren Sinne also des Lehens; Vorherrschaft einer Klasse professioneller Krieger; zwischen den Menschen Beziehungen von Gehorsam und Schutz, die innerhalb der Klasse von Kriegern die besonders reine Form der Vasallität annehmen; eine Zersplitterung der Machtbefugnisse, die die Ordnung erschüttert; inmitten all dessen aber das Fortleben anderer Formen von Gruppenbindungen, zumal der Verwandtschaft und des Staats, der während des zweiten Feudalzeitalters dann eine neue Kraft entfalten wird – das waren offenbar die wesentlichen Merkmale der europäischen ‹féodalité›.» Anders als Ganshof ging es Bloch also nicht nur um Lehen und Vasallität im engeren Sinne. Er analysierte Gesellschaften in ihrem Wandel. Die französische Mediävistik ist von dieser Perspektive geprägt worden. Seit der zweiten Hälfte des 20. Jahrhunderts standen hier nicht die Institutionen des Lehnswesens im Mittelpunkt des Interesses, sondern die «Feudalgesellschaft», für die Lehen (*feuda*) zwar namengebend, aber nur ein Faktor neben anderen waren. Seit den 1990er Jahren haben französische (und einige US-amerikanische) Historiker intensiv darüber debattiert, wann und wie sich die Feudalgesellschaft etabliert habe: Ereignete sich um die Wende zum zweiten Jahrtausend eine «mutation féodale», ein plötzlicher, tiefgreifender Wandel hin zu einer Feudalgesellschaft (so Jean-Pierre Poly und Éric Bournazel)? Beobachten wir gar eine «révolution féodale» (so, aber mit je eigenen Akzenten, Pierre Bonnassie, Guy Bois und Thomas Bisson)? Oder vollzog sich lediglich ein allmählicher, langfristiger Wandel, mit wiederholten «Anpassungen» in Wirtschaft, Gesellschaft und Herrschaftsorganisation (so Dominique Barthélemy)? Deutsche Historiker haben sich an dieser Diskussion bezeichnenderweise kaum beteiligt.

Internationaler ist seit jeher die Forschung zu Italien aufgestellt. Das Reich, das dort Langobarden seit dem späteren 6. Jahrhundert errichtet hatten, war 774 von Karl dem Großen erobert und unterworfen worden. Seit 962 bildeten Nord- und Mittelitalien dann jahrhundertelang einen Teil des *Imperium Romanum*. Seine Geschichte wird deshalb nicht nur von italienischen Mediävisten, sondern auch von deutschen, französischen und englischen Historikern erforscht. In der jüngeren Debatte über Lehen und Vasallität spielt gerade Oberitalien eine prominente Rolle. Betrachten wir also zunächst, wie sich ein

Lehnswesen in dieser Region ausbildete, um von dort dann den Blick nach Flandern, Südfrankreich und Katalonien zu richten und schließlich die Perspektive in andere Regionen Europas hinein auszuweiten.

1. Oberitalien

Im Frühjahr 1037 stand Kaiser Konrad II. mit seinem Heer vor Mailand. Am 28. Mai – dem Pfingstsamstag – erließ er hier «bei der Belagerung Mailands», also wohl in seinem Heerlager, ein berühmtes Gesetz. Es trug keine Bezeichnung, Historiker zitieren es als *Constitutio de feudis* oder (treffender) als *Edictum de beneficiis*. Dieses «Lehnsgesetz» Konrads II. ist eine Schlüsselquelle für die frühe Geschichte des Lehnswesens in Oberitalien.

Dem Aufbau nach handelt es sich bei dem kurzen Text um eine Urkunde, die allerdings keinen Empfänger nennt und auf die sogenannte Corroboratio (wörtl. «Bekräftigung») verzichtet – also den Abschnitt, der sich üblicherweise am Ende des Mittelteils eines kaiserlichen Diploms findet. Eine Originalausfertigung des Stücks ist leider nicht überliefert. Wir kennen nur zwei Abschriften, die in Cremona und im Kloster Montecassino tradiert wurden. Immerhin stammen beide aber noch aus dem 11. Jahrhundert; und wir dürfen annehmen, dass sie direkt auf der Grundlage von Ausfertigungen der kaiserlichen Kanzlei hergestellt wurden.

Worum geht es in dem Text? Als sein Ziel nennt Konrad, er wolle die Gemüter (*animi*) der Herren (*seniores*) und ihrer Krieger (*milites*) wieder miteinander versöhnen, so dass sie einträchtig seien und die Krieger ihren Herren dienten, aber auch dem Kaiser Treue erwiesen. Den Hintergrund erhellen Annalen, die im Kloster St. Gallen geschrieben wurden, und Berichte der Geschichtsschreiber Wipo, Hermann von Reichenau und Arnulf von Mailand: Seit 1035 wütete in der Region um Mailand ein Aufstand der *milites* gegen ihre Herren. Konrads Gesetz hatte also einen sehr konkreten Anlass.

Um die Lage zu befrieden, regelte der Kaiser nun dreierlei: Er setzte ein Verfahren für den Fall eines Streits fest, regulierte den

Erbgang von *beneficia* genauer und verbot jede Form des Austauschs derartiger Güter ohne Einverständnis des Beliehenen. Im Einzelnen trifft das Gesetz dazu folgende Bestimmungen:

(1) Kein Krieger eines Bischofs, eines Abts, einer Äbtissin, eines Markgrafen oder Grafen (oder eines anderen Herrn, der ein *beneficium* des Kaisers oder von Kirchengut innehat) darf sein *beneficium* verlieren, ohne dass seine Standesgenossen (*pares*), also die übrigen Krieger dieses Herrn, darüber ein Urteil gefällt hätten. Sofern der Betroffene das Urteil für ungerecht hält, soll der Streitfall vor dem Kaiser verhandelt werden, und zwar ausdrücklich in Gegenwart auch des Herrn und der Standesgenossen des Kriegers. Umgekehrt kann aber auch der Herr einen Streitfall vor den Kaiser tragen, sofern nämlich die Standesgenossen eines beschuldigten Kriegers ein Urteil verweigern. In beiden Fällen soll der Krieger sein *beneficium* bis zur Entscheidung des Kaisers weiter innehaben. Die Partei, die einen Streit vor den Kaiser tragen will, ist verpflichtet, der Gegenpartei dieses Vorhaben sechs Wochen vor Beginn der Abreise anzukündigen. All dies freilich soll nur für die *maiores vasvasores* gelten, für die «größeren Vasallen». Für die «kleineren» dagegen setzte Konrad fest: Ihre Streitigkeiten sollten vor Ort durch einen kaiserlichen Gesandten (*missus*), wie es ihn in jeder Stadt gab, oder von einem der Herren (*seniores*) entschieden werden.

(2) Zum Erbgang bestimmte Konrad: Ein Sohn eines Kriegers sollte das *beneficium* seines Vaters erben. Ebenso sollte ein Enkel das *beneficium* seines Großvaters erben, sofern sein Vater verstorben war; dabei sollte aber, dem Brauch der «größeren Vasallen» entsprechend, der erbende Enkel seinem neuen Herrn Pferd und Waffen geben. Sofern nur ein Bruder (vom selben Vater, nicht aber aus einer anderen Ehe der Mutter) als Erbe überlebt hatte, sollte auch er das *beneficium* seines Vaters erben können (also nicht anderweitig erworbene Lehen des Bruders) – falls er denn bereit war, sich als Krieger dem Eigentümer des betreffenden Guts zu unterstellen.

(3) Schließlich verbot Konrad jedem Herrn, ohne Einverständnis des Kriegers dessen *beneficium* an jemand anderen zu verleihen oder gegen ein anderes Gut einzutauschen. Auch sollte

kein Herr versuchen, einem Krieger diejenigen Güter zu entziehen, die er als Eigengut oder zur Leihe innehatte. Für sich selbst beanspruchte Konrad das Recht, mit seinem Hof aufgenommen und bewirtet zu werden, aber nur in jenen Burgen, für die dies auch schon unter seinen Vorgängern gegolten hatte. Wer gegen eine der Bestimmungen verstieß, sollte eine Buße in Höhe von 100 Pfund Gold zahlen; die eine Hälfte der ansehnlichen Summe stand dem Kaiser zu, die andere fiel an den Geschädigten.

Konrads Edikt von 1037 ist für unser Thema von hoher Bedeutung. Es ist der erste normative Text in der Geschichte des Reichs, der unzweifelhaft einen inneren Bezug zwischen einer dinglichen und einer personalen Komponente voraussetzt. *Beneficia* einerseits und die Bindung zwischen Herrn (*senior*) und Krieger (*miles*) oder auch Vasallen (*maior/minor vasvasor*) andererseits stehen in Konrads Edikt nicht nur zufällig parallel, sondern werden ausdrücklich aufeinander bezogen.

Die Deutung des kurzen Textes fällt allerdings nicht leicht. Das Edikt versucht ganz offensichtlich nicht, das Lehnswesen umfassend zu regulieren. Es setzt bei seinen Adressaten vielmehr die Kenntnis jener gelebten Praxis im Umgang mit *beneficia* voraus, die Historiker heute mühsam zu erschließen suchen. Die frühere Forschung nahm an, dass der Text eine mittlerweile schon jahrhundertealte Lehenspraxis quasi ungebrochen widerspiegele. Zuletzt haben Hagen Keller und Gerhard Dilcher dagegen betont, wie einsam Konrads Edikt in einer Welt mündlich weitervermittelter Gewohnheiten dastehe. Das Edikt bietet nicht einfach ein getreues Abbild einer alten, kontinuierlichen Lehenspraxis in Oberitalien, sondern ist ein gezielter herrscherlicher Eingriff in einen Konflikt.

Hagen Keller hat diesen Kontext detailgenau beschrieben: Nach dem Ende der karolingischen Herrschaft über Norditalien bildeten sich dort seit dem 10. Jahrhundert neue Herrschaftsstrukturen aus. Diejenigen Angehörigen einer regionalen Elite, die in Konrads Edikt als *maiores vasvasores* tituliert werden, schufen sich eigene, kleinräumige Herrschaftsbezirke, die sie von einer Burg aus kontrollierten. Darüber gerieten sie in Konflikt sowohl mit den Bischöfen, die von ihrer jeweiligen Bischofsstadt aus in deren Umland ausgriffen, als auch mit jenen bedeutenden Laienadligen, die größere Räume zu kontrollieren suchten, indem sie Grafschaften und Markgrafschaften eines neuen Typs errichteten. Für alle Parteien war dabei die Konzentration von Landbesitz in ihrem jeweiligen Einflussbereich ein entscheidender Faktor: Die Bischöfe, Grafen und Markgrafen versuchten, bestehende Prekarieverträge und andere Leihen aufzulösen und die Vererbung von *beneficia* zu unterbinden, um die Güter an andere, ihnen loyale Leute ausgeben zu können. Gegen diese Politik begehrten 1035 die *maiores vasvasores* auf, die ihre eigenen Herrschaftsbezirke zu errichten suchten: Denn dafür waren sie angewiesen auf ihre Rechte als Eigentümer, Pächter und Prekaristen, aber auch auf die Erblichkeit ihrer *beneficia* und auf Schutz vor deren Entzug durch ihre Herren.

Auf diesen Konflikt reagierte Konrad Ende Mai 1037. Er gewährte den *maiores vasvasores* eine höhere Sicherheit, indem er das Verfahren regelte, wie Streitigkeiten über *beneficia* ausgetragen werden sollten. Die «größeren Vasallen» erhielten die Möglichkeit zugesprochen, auch gegen ein Urteil ihrer Standesgenossen eine Entscheidung des Kaisers zu suchen; und sie sollten bis zu einem solchen Urteil im Besitz ihrer *beneficia* bleiben. Zugleich garantierte Konrad den Erbgang von Benefizien in direkter männlicher Linie und regulierte den weiteren Erbgang genauer. Außerdem verbot er, bestehende Leihe-Verträge gegen den Willen der Vasallen aufzulösen oder den Vasallen gar ihr Eigengut zu nehmen. Auch Konrads Bestimmung zu den Burgen erklärt sich vor diesem Hintergrund: Der Kaiser stellte damit ausdrücklich fest, dass er von den neu errichteten Burgen – die ja den Kern der neuen, lokalen Herrschaften bildeten – keine Dienste verlangen wolle.

Insgesamt kann man demnach festhalten: Konrad II. griff in den Konflikt der 1030er Jahre recht einseitig zugunsten der *maiores vasvasores* ein. Sie wurden in ihrer neuen Herrschaftsbildung gefördert. Ihre Position im Streit mit Bischöfen, Markgrafen und Grafen wurde gestärkt.

Die weiteren Folgen seines Handelns konnte Konrad nicht

ahnen. Sein Edikt erwuchs aus einem spezifischen Konflikt in einer konkreten historischen Situation; aber es hatte auf lange Sicht weitreichende Konsequenzen für die Geschichte von Lehen und Vasallität. Der Text trug nämlich wesentlich dazu bei, innerhalb eines breiten Kontinuums von Leihen verschiedenster Art gerade solche Leihen genauer zu konturieren und kategorisch abzugrenzen, die unserem wissenschaftlichen Modell des Lehnswesens nahekommen.

Im 10. und frühen 11. Jahrhundert waren in Oberitalien viele unterschiedliche Formen von Leiheverträgen üblich: In den Quellen ist nicht nur von *beneficia* die Rede, sondern auch von Prekarien (*precaria*), von sogenannten Livellar-Verträgen (*libellus*) und der «Emphyteuse». Alle diese Vertragsarten begründeten zeitlich befristete (Land-)Leihen, die dem Beliehenen das Nutzungsrecht am Leihegut zusprachen. Erst in den genaueren Bedingungen der Leihe ließen sich Unterschiede markieren: War ein Zins zu zahlen? Wie gut waren der Leihende und der Beliehene vor Entfremdung des Guts geschützt? Welche Möglichkeiten hatte der Eigentümer, ein verliehenes Gut wieder einzuziehen? Im römischen Recht waren zwar beispielsweise Prekarie und Emphyteuse in diesen Punkten noch deutlich voneinander geschieden gewesen; im Italien des 10. und 11. Jahrhunderts aber sahen sie sich einander oft zum Verwechseln ähnlich: Cinzio Violante, Amleto Spicciani und andere mehr haben herausgearbeitet, wie fließend damals in der Praxis die Übergänge von einer Form der Leihe zur anderen waren.

Das betraf nun aber nicht zuletzt auch den Übergang zum Lehen. Die Zeitgenossen konnten beispielsweise die – an sich viel älteren – Livellar-Verträge nutzen, um Landleihen einerseits und die Pflicht zu militärischer Hilfe und zur Beteiligung am Gericht andererseits aufeinander zu beziehen. Dabei müssen wir sogar damit rechnen, dass nur der eine Teil eines solchen Verhältnisses, nämlich die dingliche Seite, die Übertragung des Gutes, überhaupt schriftlich fixiert wurde – und so die Chance bekam, durch die Jahrhunderte bis auf den heutigen Tag überliefert zu werden. Die personale Bindung dagegen beruhte oft auf mündlichen Absprachen. Das heißt konkret: Hinter manchem Livellar-Vertrag aus dem Italien des 10. und 11. Jahrhunderts könnten tatsächlich Bindungen und Pflichten gestanden haben, die dem nahekommen, was das wissenschaftliche Modell des Lehnswesens als Vasallität beschreibt. Die Parteien nutzten dann die alte Form des Livellar-Vertrags, um eine neue Form von Besitz, die wir «Lehen» nennen können, schriftlich zu dokumentieren.

In einer Welt fließender Übergänge trug Konrads Edikt – obwohl der Kaiser das gar nicht intendiert hatte – zur schärferen Kategorisierung und inneren Abgrenzung zwischen verschiedenen Leiheformen in Italien bei. Es regulierte speziell für jene Leihen, welche die «größeren» und die «kleineren Vasallen» innehatten, wie sie entzogen und wie sie vererbt werden konnten. Damit definierte es – schriftlich und dauerhaft – zwei Bedingungen, über die sich an Vasallität gebundene *beneficia* künftig von anderen Leiheformen unterscheiden ließen.

Konrads Edikt allein hätte diese Wirkung freilich kaum erzielen können. Hinzu kam aber in Oberitalien noch eine weitere Entwicklung: Seit den Jahrzehnten um 1100 bildete sich dort ein neuer Typus von Spezialisten aus, die sich in besonders intensiver Weise mit dem Recht beschäftigten. Diese Gelehrten entdeckten das römische Recht, das in der italienischen Rechtspraxis nie ganz untergegangen war, auch in seiner Systematik wieder; und sie begannen, dieses Recht gründlich zu erforschen. Die Rechtsgelehrten neuen Typs, die man als frühe Juristen bezeichnen kann, gründeten bald auch eigene Rechtsschulen und professionalisierten damit zugleich die Ausbildung ihres fachlichen Nachwuchses in einer bis dato unbekannten Weise.

Geschult darin, rechtliche Unterschiede zu erkennen und Rechtsbegriffe scharf zu fassen, machten sich einige dieser neuen Spezialisten nun auch daran, die vielfältigen Formen der Leihe klarer zu kategorisieren und zu klassifizieren. Als Ausgangspunkt diente ihnen dabei Konrads Gesetz von 1037. In den neuen Bemühungen rechtlicher Kategorisierung sehen Susan Reynolds und weitere Historiker eine wesentliche Etappe in der Entstehung des europäischen Lehnswesens. Das Ergebnis der Forschungsarbeit der oberitalienischen Rechtsgelehrten waren die sogenannten *Libri feudorum* («Bücher der Lehen»). Ihnen müssen wir uns nun zuwenden.

Der Titel *Libri feudorum* ist nicht zeitgenössisch. Tatsächlich handelt es sich auch gar nicht um ein in sich geschlossenes Werk, sondern um eine Sammlung mehrerer kleiner Traktate über geliehene Güter, über Herren, Krieger und deren Rechte und Pflichten. Die Sammlung wird, zum Teil etwas abweichend, in mehreren Codices des 12. und 13. Jahrhunderts überliefert. In späteren Abschriften ist sie dann redigiert, ergänzt und erweitert worden.

In der frühen Form besteht die Sammlung aus mindestens fünf älteren Abhandlungen, die wohl ursprünglich in Pavia verfasst worden sind. Die ältesten Traktate, die darin verarbeitet sind, zitieren – wörtlich oder sinngemäß – Konrads II. *Edictum de beneficiis* von 1037; sie kennen aber offensichtlich noch nicht ein anderes Lehnsgesetz, das Lothar III. im Jahr 1136 erlassen hat. Das erlaubt es, diesen frühesten Teil der Sammlung einigermaßen sicher zu datieren. Die Traktate sind zwischen dem ausgehenden 11. Jahrhundert und dem Jahr 1136 entstanden. Dazu fügt sich eine weitere Beobachtung: Der dritte Traktat ist nicht anonym überliefert, sondern stammt von Ugo de Gambolato – einem Mann, der um 1120 als *iudex* («Richter») in Pavia amtierte.

Die frühen Traktate aus Pavia hat dann ein Sammler wahrscheinlich um die Mitte des 12. Jahrhunderts hintereinandergestellt. Außerdem hat er noch einen etwas jüngeren Text hinzugefügt, der aus Mailand stammen dürfte: Dieser Traktat war sicher nach 1136 entstanden, zitierte er doch bereits Lothars III. Gesetz. Bei seiner Kompilation hat der Sammler sich im Übrigen nicht allzu viel Mühe gegeben, die einzelnen Traktate so zu überarbeiten, dass ein sprachlich einigermaßen einheitlicher Text herausgekommen wäre. Wer genau das Material zusammengestellt hat, ist nicht überliefert. Immerhin können wir den Kompilator aber recht gut in ein bestimmtes Milieu verorten: Er war kein Mitglied des Kaiserhofes, auch kein Mann, dem es allein um Regelungen für die Praxis ging. Die Texte, die der Sammler zusammengestellt hat, sehen anders aus als das Gesetz

Konrads II. Die Sammlung ist ein Überrest aus der Frühgeschichte der Jurisprudenz. Sowohl die einzelnen Vorlagen als auch die Zusammenstellung sind von Juristen für Juristen gefertigt worden.

Das hat Konsequenzen: Anders als in Konrads II. Edikt ist hier nämlich ein Streben nach Systematik und Vollständigkeit zu erkennen. Als Beispiel mag der erste und wohl auch älteste der fünf Traktate dienen. Er besteht seinerseits aus zwei Teilen; der erste behandelt die Art und Weise, wie «Lehen» (nun nicht mehr *beneficia*, sondern *feuda*) erworben und bewahrt bzw. über Generationen weitergegeben werden können. Der zweite Teil behandelt systematisch, wie man ein *feudum* wieder verlieren könne. Der Traktat reagiert nicht auf einen konkreten historischen Konflikt; er begründet rechtliche Kategorien!

Schon der Beginn des Textes ist dafür bezeichnend: «Weil wir von *feuda* handeln wollen, sollten wir zunächst betrachten, welche Leute ein *feudum* geben können. Ein Erzbischof, ein Bischof, ein Abt, eine Äbtissin, ein Propst, wenn es von alters her ihre Gewohnheit gewesen ist, können ein *feudum* geben; außerdem ein Markgraf und ein Graf, die eigentlich ‹Capitane des Königs› heißen. Es gibt noch weitere Leute, die von den bisher Genannten ein *feudum* empfangen und eigentlich ‹Valvassores des Königs› heißen, aber heute ‹Capitane› genannt werden; auch sie können selbst *feuda* geben. Diejenigen aber, die von ihnen *feuda* empfangen, heißen ‹kleine Valvassores›.»

Die zwei Kategorien von potentiellen Lehensgebern, von denen hier die Rede ist, finden sich auch schon in Konrads II. Edikt. Der Kaiser aber hatte seinerzeit vorausgesetzt, dass seine Adressaten wüssten, wer damit jeweils gemeint sei. Dagegen argumentiert der Traktat anders. Dem Gelehrten, der diesen Text geschrieben hat, ging es um Systematik, Kategorisierung und begriffliche Präzision: Wir wollen etwas über *feuda* sagen. Also müssen wir erst einmal fragen: Wer kann *feuda* ausgeben? Dann werden drei Kategorien kreiert: (1) *capitanei regis* (also «Capitane des Königs»), zu denen Geistliche (Erzbischöfe, Bischöfe, Äbte, Äbtissinnen, Pröpste) und Laien (Markgrafen, Grafen) gehören; (2) *valvassores regis* (heute als *capitanei* bezeichnet), die ein Lehen von den in (1) Genannten haben, aber auch ihrerseits Lehen ausgeben können; schließlich (3) *minores valvassores*, die Lehen nur nehmen, nicht aber selber geben können.

Der Rechtsgelehrte der Jahre um 1100 hat also Konrads Text, der für eine spezifische Situation geschaffen war, als Steinbruch benutzt, um Kategorien von Lehnsgebern und Lehnsnehmern zu definieren. Und in solcher Weise geht es auch weiter. Das zweite Kapitel beginnt wie folgt: «Da wir die Personen betrachtet haben, wollen wir nun betrachten, welche Anfänge sie [gemeint sind die *feuda*] hatten.» Dann wird eine regelrechte kleine Geschichte des Lehnswesens präsentiert: «In ältester Zeit nämlich war ein *feudum* so in die Gewalt der Herren eingebunden, dass sie es, wann immer sie wollten, wieder entziehen konnten. Später aber kam es dazu, dass es auf Lebenszeit des Getreuen weitergeführt wurde. Aber da sich das nicht nach Nachfolgerecht auf die Söhne bezog, ging es so weiter, dass es bis zu den Söhnen kam, wobei freilich der Herr das Lehen bestätigen wollte. Das ist heute so verfestigt, dass es sich auf alle gleichermaßen bezieht.»

Anschließend behauptet der Text, dass Konrad II. auf seinem Weg nach Rom von seinen Getreuen gebeten worden sei, das Erbrecht von den Söhnen auch auf die Enkel zu erweitern; außerdem habe Konrad das Erbrecht des Bruders am väterlichen Lehen definiert. Schon unser gelehrter Jurist hat Konrads Edikt also als Quelle für die historische Entwicklung des Lehnrechts ausgewertet. Ihm zufolge hatte erst Konrad dafür gesorgt, dass das Erbrecht des Lehnsnehmers nicht auf den Sohn beschränkt blieb, sondern auf die Enkel und Brüder erweitert wurde.

In seinem Streben nach Systematik ging der Rechtsgelehrte allerdings über seine historische Quelle weit hinaus! Wenn zwei Brüder die neuen Lehen gemeinsam empfangen hatten, so konstatierte er spitzfindig, dann sollte der eine nur dann auch den Anteil seines Bruders erben, wenn das vorher eigens so festgelegt worden war. Außerdem betonte der Autor, dass Töchter nicht erbberechtigt seien – und fand dafür eine sachlogische Erklärung: «denn sie können weder eine Fehde anzetteln noch in den Kampf ziehen». Demgemäß war unser Autor der Auffassung, dass die Söhne von Töchtern durchaus erbberechtigt sein könnten – allerdings nur, sofern das im Einzelfall zuvor eigens so bestimmt worden war.

All dieses Ordnen und Kategorisieren hatte gewichtige Konsequenzen für die Herausbildung des Lehnswesens. Besonders deutlich wird das in einer Bestimmung, die am Anfang des 4. Kapitels steht: «Es ist zu beachten, dass über dasjenige *beneficium*, das von den Capitanen des Königs und von den Valvassoren des Königs anderen geliehen wird, ausschließlich nach dem *ius feudi* gerichtet wird (also nach den Rechtsnormen, die für *feuda* galten), über jenes dagegen, das von den kleineren [Valvassoren] anderen übertragen wird, nicht nach dem *ius feudi* gerichtet wird; sondern wann immer sie wollen, können sie es mit Recht wieder entziehen – es sei denn, sie [gemeint sind die Empfänger des *beneficium*] wären mit ihnen im Heer nach Rom gezogen, in welchem Falle ihr *beneficium* in das *ius feudi* übergeht […].»

Hier endlich findet sich, wonach die historische Forschung zur Karolingerzeit so vergeblich gesucht hatte: eine systematische Unterscheidung von «ritterlichen» Lehen (*feuda*) und «bäuerlichen» Leihen (*beneficia*). Das Lehnrecht (*ius feudi*) schützte den Leihenehmer in besonderer Weise und garantierte ihm die Weitergabe des geliehenen Gutes in männlicher Linie; nach diesem Recht sollte nur bei den Leihen der Capitane und der Valvassoren des Königs verfahren werden. Für andere Leihen sollten diese Bestimmungen dagegen gerade nicht gelten. Kurzum: Hier wird kategorisch differenziert zwischen jenen Leihen, die im Modell des Lehnswesens als «Lehen» firmieren, und Leihen anderer Art.

Derlei Streben nach Systematisierung und Kategorisierung prägt den gesamten Traktat. Der zweite Titulus beispielsweise beginnt wiederum gut akademisch damit, die Struktur der Abhandlung klarzustellen: «Weil oben gesagt worden ist, auf welche Weise ein *feudum* erworben und behalten wird, wollen wir nun betrachten, wie es verlustig geht.» Daraufhin werden all die Vergehen aufgelistet, die dazu führen, dass man sein Lehen verlieren kann. Dies ist etwa der Fall,

– wenn jemand seinen Herrn in einer Schlacht im Stich lässt, ohne dass der Herr tot wäre oder wenigstens tödlich verletzt;
– wenn jemand seinen Herrn beleidigt (oder sich bemüht, das zu tun), indem er ein Verhältnis mit dessen Frau eingeht oder mit der Tochter oder auch der Tochter des Sohnes schläft;
– wenn jemand seinen Herrn oder die Burg seines Herrn angreift, obwohl er weiß, dass der Herr oder die Herrin gerade dort sind;
– wenn jemand den Bruder seines Herrn oder den Neffen, also den Sohn des Bruders, umbringt;
– wenn jemand mehr als die Hälfte seines *feudum* hat verpfänden müssen.

Die Liste weiterer Fälle dieser Art ist lang; auch in diesem Kapitel geht es also nicht um die Regelung eines konkreten, aktuellen Einzelfalls. Ziel ist es vielmehr, möglichst umfassend alle erdenklichen Gründe für den Verlust eines Lehens zusammenzustellen. Der Autor rechnet sogar mit dem Fall, dass ein Stummer Anspruch auf ein Lehen erheben könnte. Das wird zwar prinzipiell für unmöglich erklärt (vielleicht deshalb, weil ein Stummer kaum im Rat seines Herrn die Stimme erheben, also seiner Pflicht zur Beratung nicht nachkommen kann?). Sofern es aber um ein substantielles, großes *feudum* ging, sollte der Stumme immerhin so viel behalten, dass er sich davon ernähren konnte …

Die wenigen Schlaglichter auf den Inhalt, den Aufbau und die Argumentationsweise der sogenannten *Libri feudorum* müssen hier genügen. Sie zeigen: In diesen Texten versuchten gelehrte Juristen, eine bunte, vielgestaltige Praxis, die gerade deshalb auch immer wieder Konflikte hervorrief, möglichst klar begrifflich zu erfassen und auf eine überschaubare Zahl normativer Grundprinzipien zurückzuführen. Das Bild, das diese Gelehrten vom Zusammenhang zwischen Leihe und vasallitischer Bindung entwarfen, ähnelt dem geschichtswissenschaftlichen Modell des Lehnswesens sehr. Nur ein wichtiges Element des Modells fehlt darin interessanterweise: Die frühen Traktate kennen keine Mannschaft; von *hominium* und *homagium* ist nirgends die Rede.

Selbstverständlich hatte nun auch schon die ältere Forschung gesehen, dass vergleichbare Rechtsabhandlungen aus früherer Zeit nicht überliefert sind. Historiker haben deshalb seit jeher zwischen dem Lehnswesen und dem Lehnrecht getrennt. Dem lag die Vorstellung zugrunde, es habe seit der Karolingerzeit zunächst zwar die feste Praxis gegeben, Lehen an Vasallen zu vergeben; erst allmählich habe sich daraus dann aber auch ein eigenes Recht entwickelt. Aus dieser Perspektive wären die *Libri feudorum* nur insofern etwas Neues, als sie erstmals alle erdenklichen rechtlichen Streitfälle systematisch zu erfassen und zu normieren suchten.

Susan Reynolds hat radikaler argumentiert. Ihr zufolge haben die oberitalienischen Juristen in ihrem Systematisierungsstreben die Kategorien des «Vasallen» und des «Lehens» mit deren innerem rechtlichen Zusammenhang überhaupt erst hervorgebracht. Die Traktate, die seit etwa 1100 verfasst, bald darauf kompiliert und im Laufe der Zeit in unterschiedlichen Rezensionen weit in Europa verbreitet wurden, diese Traktate waren keine soziologischen oder ethnographischen Feldstudien. Sie waren nicht deskriptiv, sondern normativ. Sie beschrieben nicht einfach nur eine schon gängige Praxis; sie abstrahierten, kategorisierten – und begründeten damit ein rechtlich konsistentes System. Die Juristen definierten im Zuge dessen überhaupt erst, was denn ein Lehen sei; sie grenzten das Lehen rechtlich ab von anderen Formen der Leihe; sie kategorisierten die Arten von Menschen, die solche Lehen geben und empfangen konnten; sie katalogisierten Rechte und Pflichten, die der Lehensgeber und der Lehensnehmer hatten. Nach Reynolds sind Historiker gut beraten, diese juristischen Traktate als solche ernst zu nehmen: Tatsächlich, so lautet Reynolds' Argument, waren die Besitzformen und die sozialen Bindungen, die aus diesen Besitzformen resultierten, noch bis weit ins 12. Jahrhundert hinein vielfältiger und weniger systematisiert, als es die *Libri feudorum* mit ihren akademischen Setzungen behaupteten.

Nach Reynolds entstand das Lehnswesen demnach nicht in der brutalen Kriegergesellschaft im Frankenreich des frühen 8. Jahrhunderts; es entstand in seinen Frühformen in den gelehrten Fachdiskussionen der frühen Juristen im Oberitalien des

12. Jahrhunderts. Das Lehnswesen wäre damit das Produkt einer juristischen *déformation professionnelle*: ein Kind des juristischen Strebens, die Vielgestaltigkeit menschlichen Zusammenlebens in einige wenige, rechtlich scharfe Kategorien hineinzupressen. Eine Reihe von Mediävisten hat sich diese Ansicht mittlerweile zu eigen gemacht. Ihrer Meinung nach war das Lehnswesen ein Geschöpf oberitalienischer Juristen des Hochmittelalters.

Reynolds selbst ist allerdings noch etwas radikaler. Denn sie behauptet, dass das wissenschaftliche Modell vom Lehnswesen des Mittelalters nicht unmittelbar aus der Analyse der *Libri feudorum* selbst heraus entstanden sei. Sie unterstellt also nicht, Historiker des 19. und 20. Jahrhunderts hätten sich von der Lektüre der *Libri feudorum* dazu verleiten lassen, die Existenz eines Lehnswesens schon in die Karolingerzeit zurückzuspiegeln. Ein solches Argument wäre wohl auch schwer zu führen. Denn die *Libri feudorum* standen im 19. Jahrhundert nicht gerade im Mittelpunkt der aufblühenden Wissenschaft vom Mittelalter.

So nimmt Reynolds eine weitere Vermittlungsstufe zwischen den *Libri feudorum* des 11./12. Jahrhunderts und der modernen Geschichtswissenschaft an: die Feudisten, die auf das Lehnrecht spezialisierten Juristen, des 16. und 17. Jahrhunderts. Damals waren Lehen ein selbstverständlicher Teil der politischen, wirtschaftlichen und militärischen Ordnung; und die historischen, ja möglichst alten Ursprünge von Besitzrechten hatten legitimatorische Kraft für die Gegenwart. Die Beschäftigung mit Lehen im Mittelalter konnte also auch für die Rechtsprechung wichtige Argumente zutage fördern. Daher, so Reynolds, hätten die Juristen in der Frühen Neuzeit die Texte ihrer Vorgänger im Italien des 12. Jahrhunderts gelesen und auf dieser Grundlage ihr Bild vom Lehnswesen im Mittelalter entwickelt. Die aufblühende Geschichtswissenschaft des 19. Jahrhunderts habe diese von den frühneuzeitlichen Feudisten entwickelten Bilder vom Lehnswesen im Mittelalter als Hintergrundfolie für alle weitere, auch nuancierende Forschung genutzt. Das Modell des Lehnswesens wäre dann nicht mehr als eine frühneuzeitliche Interpretation der *Libri feudorum*, überzogen mit dem trügerischen Glanz eines dünnen wissenschaftlichen Firnis.

Reynolds' These ist von Historikern weltweit seit Mitte der 1990er Jahre diskutiert worden. Sie hat dazu geführt, dass die *Libri feudorum* mittlerweile viel höhere Aufmerksamkeit genießen als in der früheren Forschung – auch wenn immer noch eine umfassende Studie zu ihren verschiedenen Rezensionen, ihrer handschriftlichen Verbreitung und ihrer Rezeption in Europa fehlt. Allerdings ist Reynolds' These auch auf harsche Kritik gestoßen. Die größte Herausforderung für das von ihr entworfene Szenario dürfte lauten: Vielleicht ist auch die Wissenschaftlerin aus Oxford ein Opfer ihrer *déformation professionnelle* geworden? Vielleicht hat die Akademikerin die historische Wirkmacht von Akademikern und ihren Texten überschätzt?

Diese Frage lässt sich am besten klären durch eine Reise in die Grafschaft Flandern. Dort nämlich lebten im 11. Jahrhundert noch keine Juristen, auch existierten keine Rechtsschulen, die mit denen in Oberitalien hätten konkurrieren können. Und doch waren Lehen und Vasallität eng zu einem Lehnswesen verbunden, das die Herrschaft der Grafen von Flandern mitstrukturierte. Und mehr noch: Hier war auch jene Institution von zentraler Bedeutung, über welche die juristisch geschulten Autoren der *Libri feudorum* kein Wort verloren – die Mannschaft.

2. Flandern

Susan Reynolds hat ihre Studie in Länderkapitel gegliedert, die den großen Nationalstaaten im heutigen Europa entsprechen. Sie untersucht Lehen und Vasallen in Frankreich, Italien, England und Deutschland. Eine solche Gliederung ist sinnvoll, denn sie kann Rücksicht nehmen auf die jeweiligen nationalen Traditionen in der Forschung zum Lehnswesen. Sie birgt aber auch ein Risiko: Der Zusammenhang zwischen Besitz und sozialen Bindungen war nämlich auf Ebene von Regionen, also kleinräumiger und differenzierter strukturiert, als solche Nationalkapitel suggerieren – und manche dieser Regionen lagen auch quer zu Staatsgrenzen im heutigen Europa. Ein prominentes Opfer der Reynold'schen «Nationalisierung» des Lehnswesens ist die Grafschaft Flandern. Sie umfasste Teile des heutigen Nordostfrankreichs und Belgiens; sie lag gleichsam zwischen dem Heiligen Römischen Reich und Frankreich. In Reynolds' Untersuchungsraster hat Flandern kein eigenes Kapitel erhalten. Es ist zwischen Deutschland und Frankreich aufgerieben worden.

Das ist bedauerlich. Denn gerade in Flandern lässt sich Dirk Heirbaut zufolge bereits früh, schon seit der Wende zum 11. Jahrhundert, ein innerer Bezug zwischen Lehen und Vasallität nachweisen. Dieses Lehnswesen beeinflusste in der Grafschaft Flandern auch schon bald die Politik, das Kriegswesen, die Organisation von Herrschaft. Die Entstehung von Lehen in Europa wird sich deshalb wohl nicht allein mit den – erst ein, zwei Generationen später einsetzenden – Systematisierungsbestrebungen oberitalienischer Rechtsgelehrter erklären lassen. Ein wenig zugespitzt könnte man sagen: In Flandern gab es spätestens seit dem ausgehenden 11. Jahrhundert tatsächlich im Wesentlichen ein Lehnswesen der Form, die François-Louis Ganshof in seinem Klassiker beschrieben hat.

Das ist übrigens kein Zufall! Ganshof war Belgier; er hatte sich intensiv mit den Quellen zu Lehen und Vasallität in seiner Heimat beschäftigt, bevor er 1944 sein vielzitiertes Buch über das Lehnswesen in erster Auflage publizierte. Ganshofs Bild des «klassischen Lehnswesens» des 11. bis 13. Jahrhunderts beruhte deshalb in hohem Maße auf Einsichten, die er aus der Geschichte und der historischen Überlieferung Flanderns gewonnen hatte. Sein Landsmann, Dirk Heirbaut, hat seit den 1990er Jahren in zahlreichen Beiträgen darauf aufmerksam gemacht, dass es gerade in Flandern schon früh ein eigenes, «nichtbürokratisches» Lehnswesen gegeben habe, das den so heftig kritisierten Vorstellungen Ganshofs durchaus nahekomme.

Das flämische Lehnswesen des 11. und 12. Jahrhunderts ist allerdings nicht in normativen Texten aus der Feder von Juristen überliefert. Derartige Rechtstexte haben sich für Flandern erst spät, erst aus der zweiten Hälfte des 13. Jahrhunderts erhalten – und genauso spät datieren auch die frühesten Belehnungsurkunden und Verzeichnisse, die Lehen flämischer Abteien oder des Grafen von Flandern aufführen. Zwar erscheint immerhin seit dem späteren 11. Jahrhundert in Urkunden und anderen Texten zunehmend häufiger das Wort *feodum*. Insgesamt aber gilt: Das flämische Lehnswesen lebte weit länger als das oberitalienische in der Praxis, in der Sphäre des mündlich tradierten Wissens und des Rituals.

Das berühmteste Zeugnis, das uns Einblick in diese Sphäre gibt, ist ein Bericht Galberts von Brügge aus den Jahren 1127/28. Galbert stammte wohl aus Brügge. Er war ein Geistlicher und diente als gräflicher Notar im Kanonikerstift St. Donatian in Brügge – einer Karriereschmiede für angehende Kanoniker und Pröpste, denen bei der Verwaltung der Grafschaft eine wichtige Rolle zukam. Wahrscheinlich hatte Galbert schon im Jahr 1113 eine so bedeutende Stellung inne, dass er als Zeuge für ein Rechtsgeschäft des Grafen Balduin VII. von Flandern in einer Urkunde genannt wurde. Sein Geburtsdatum ist nicht überliefert, dürfte aber spätestens im letzten Drittel des 11. Jahrhunderts gelegen haben. Das heißt: Galbert lebte eben in der Zeit, da in Italien Rechtsgelehrte neuen Typs begannen, die besondere Rechtsqualität von *feuda* in kleinen Traktaten schriftlich zu erörtern.

Galbert freilich verfasste keinen Rechtstraktat, er schrieb Zeitgeschichte. Er erzählte von einem dramatischen Ereignis: Am 2. März 1127 hatte ein gewisser Borsiard den Grafen Karl den Guten von Flandern erschlagen, als Karl in der Kirche des Stifts St. Donatian in Brügge betete. Nur wenige Tage später, am 9. März, begann Galbert tagebuchartige Aufzeichnungen, die er bis Ende Mai 1127 weiterführte. Sie bildeten später den Kern seines Berichts. In der Folgezeit hat er allerdings seinen Text noch in mehreren Etappen ausgearbeitet, korrigiert und ergänzt.

Aus Galberts Darstellung geht nun Folgendes hervor: Nach der Ermordung Karls wurde Wilhelm Clito, ein Enkel Wilhelms des Eroberers, durch König Ludwig VI. von Frankreich als Graf von Flandern eingesetzt. Ende März erkannten die Großen Flanderns Wilhelm in Arras in seiner neuen Würde an. Über Lille und Deinze weiterreisend, trafen König und Graf schließlich am 5. April in Brügge ein. Dort verpflichteten sich die beiden hohen Herren, die Rechte der Kirche zu wahren; im Gegenzug huldigten die Bürger von Brügge dem Grafen. Zwei Tage später, am 7. April des Jahres 1127, ereignete sich dann jene berühmte Szene, die hundertfach kommentiert wurde und noch heute in etlichen Schulbüchern das Kapitel zum Lehnswesen illustriert. Galbert berichtet wörtlich:

«Zuerst leisteten sie ihm [dem neuen Grafen Wilhelm Clito] auf folgende Weise Mannschaft [*hominium*]: Der Graf fragte, ob er [das heißt derjenige, der die Mannschaft leistete] ganz und gar sein Mann werden wolle, und dieser antwortete: ‹Ich will.› Dann umschloss der Graf die zusammengefalteten Hände des anderen mit seinen Händen, und sie verbündeten sich durch einen Kuss. Als Zweites gab derjenige, der Mannschaft geleistet hatte, dem Vorsprecher [*prolocutor*] des Grafen ein Treueversprechen mit folgenden Worten: ‹Ich verspreche, in meiner Treue von jetzt an dem Grafen Wilhelm treu zu sein und ihm die Mannschaft ganz und gar gegen alle zu wahren in guter Treue und ohne List.› Drittens schwor derselbe über den Reliquien von Heiligen einen Eid. Anschließend erteilte der Graf mit dem Stab, den er in der Hand hielt, all denen, die auf diese Weise Sicherheit, Mannschaft und Eid geleistet hatten, die Investitur.»

Auf den ersten Blick scheint hier eine Belehnung wie aus dem Lehrbuch geschildert zu sein. Alle Bestandteile des Rituals werden erwähnt: Mannschaft, Handgang, Kuss, Treueversprechen, Eid und Investitur. All dies berichtet ein gräflicher Notar aus Brügge selbst, ein wohlinformierter Zeitgenosse und Augenzeuge also, der zudem unmittelbar nach dem Ereignis zur Feder gegriffen und das Geschehen notiert hat. So verlässlich, anschaulich und vielzitiert der Bericht deshalb ist und so klar er zunächst scheinen mag – ganz leicht fällt seine Interpretation dennoch nicht. Susan Reynolds hat eingewandt: Galbert beschreibe gar nicht das Ritual der Aufnahme in die Vasallität und der Belehnung; Galbert schildere vielmehr jenen Akt, mit dem der Graf von seinen Untertanen als neuer Herrscher anerkannt worden sei – und zwar keineswegs nur von seinen Vasallen, sondern auch von jenen Bürgern von Brügge, die keine Lehen des Grafen innehatten.

Reynolds' Beobachtung ist wichtig, aber nicht ganz korrekt. Richtig ist, dass Galbert mehrmals auch dort von *hominium*, *securitas* («Sicherheitseid») und *fides* («Treueid») spricht, wo er – unabhängig vom Lehnswesen – die Anerkennung des neuen Herrschers durch die Flamen schildert. Es wäre deshalb voreilig, wollte man allein aus der Erwähnung von Mannschaft, Sicherheitseiden und Treueversprechen ohne Weiteres auf ein Lehensverhältnis schließen. Richtig ist aber auch, was Philippe Depreux herausgearbeitet hat: Galbert unterschied in seiner Erzählung eben doch zwischen der allgemeinen Huldigung der Untertanen an mehreren Orten der Grafschaft Flandern und jenem Akt, der am 7. April in Brügge stattfand. Zum einen handelte Galbert hier ausdrücklich von denjenigen, «die belehnt (*feodati*) waren», und notierte eigens, dass diese Leute «gleichermaßen ihre Lehen (*feoda*) und ihre Ämter, und was immer sie erhalten hatten, nun rechtmäßig erhielten». Zum anderen unterschied Galbert auch in der Darstellung des Rituals selbst den Akt in Brügge von den früheren Huldigungen: Denn zu Mannschaft, Treueversprechen und Eid tritt in Galberts Text allein an dieser Stelle noch die Investitur mit einem Stab hinzu. So sind in Galberts Schilderung die Huldigung der Untertanen und der Akt der Belehnung zwar ähnlich, aber nicht identisch. Man wird daher das berühmte Geschehen vom 7. April 1127 nicht einfach, wie Reynolds, als allgemeine Huldigung der Flamen für ihren neuen Grafen interpretieren dürfen.

Insgesamt ist kaum zu bestreiten, dass in Flandern spätestens seit dem 11. Jahrhundert *feoda* einerseits und die Verpflichtung zu Militärhilfe und zur Mitwirkung im Gericht andererseits in der Praxis miteinander zu einem Lehnswesen verschmolzen. Diese Verbindung war in der Vorstellungswelt auch derjenigen lebendig, die als Experten für Rechtsfragen in Flandern gelten durften – Männer wie unser Notar Galbert von Brügge. Aber das flämische Lehnswesen war nicht schriftlich normiert; es existierte vor allem in den Köpfen der Akteure selbst. Daher blieb es im Laufe der Jahrzehnte wandelbar, flexibel und anpassungsfähig.

Im Übrigen haben Dirk Heirbaut und Thomas Bisson zu

Recht darauf hingewiesen, dass Flandern im 11. und 12. Jahrhundert durchaus kein Lehensstaat oder Feudalstaat war. Die Herrschaft der Grafen von Flandern beruhte nämlich keineswegs ausschließlich auf Lehensbindungen. Sie fußte nicht minder auf jener Huldigung, die die Flamen als Untertanen des Grafen zu leisten hatten – wie es Galbert von Brügge 1127 ebenfalls beschrieben hat. Auch auf den übrigen Ebenen der Gesellschaft war das Miteinander von Lehen und Vasallität zwar wichtig, aber doch nur eine Organisationsform neben anderen mehr.

3. Südfrankreich und Katalonien

Zwischen Brügge und Barcelona liegen nur etwas mehr als 1300 Kilometer, wissenschaftsgeschichtlich aber Welten. Wer sich für das Lehnswesen diesseits und jenseits der Pyrenäen in Katalonien und Südfrankreich interessiert, trifft auf eine französisch-amerikanische Forschungsdebatte, die auf den ersten Blick himmelweit entfernt scheint von der Diskussion über jenes Modell des Lehnswesens, das François-Louis Ganshof mit seinem Standardwerk in Deutschland populär gemacht hatte – und nicht minder weit entfernt von der aktuellen deutschen Forschung zu Lehen und Vasallität. Dennoch ist ein Blick auf Katalonien und Südfrankreich für uns unverzichtbar. Denn auch hier werden spätestens in Dokumenten des 11. Jahrhunderts feudovasallitische Bindungen unübersehbar. Wir müssen uns also in den Dschungel der Spezialforschung wagen und einige große Schneisen schlagen.

Französische Mediävisten waren in den Jahren nach dem Zweiten Weltkrieg weit stärker von Marc Blochs Buch über die Feudalgesellschaft fasziniert als von Ganshofs Rechtsgeschichte von Lehen und Vasallität. Marc Bloch hatte in seiner Studie von 1939 das Lehnswesen schon im späteren 9. Jahrhundert etabliert gesehen, dann aber zwei Feudalzeitalter unterschieden: Das erste reichte bis in die Mitte des 11. Jahrhunderts, das zweite von 1050 bis ins 12. Jahrhundert.

Ein jüngerer, aber nicht minder einflussreicher französischer Historiker, Georges Duby, unterzog dieses Raster 1953 in seinem Buch über das Mâconnais einer Revision. Er schlug ein anderes Modell vor: Duby zufolge dauerte in der Region um Mâcon in Burgund die karolingische Ordnung bis in das späte 10. Jahrhundert fort. Die Jahre von etwa 980 bis 1030 waren dann von Gewalt und Unsicherheit geprägt; binnen nur zweier Generationen wandelte sich die Gesellschaft im Mâconnais tiefgreifend. Erst das Ergebnis dieses Wandels war die Feudalgesellschaft: Sie war gekennzeichnet durch das Ende der öffentlichen Gewalt, durch den Umbau der karolingischen Grafschaft und die Entstehung neuer, kleinräumiger Burgherrschaften in der Hand von Rittern (*milites*), außerdem durch neue Formen der Gerichtsbarkeit, neue Wirtschaftsweisen, neue Formen der Abhängigkeit auf dem Land. Der Mörtel, der diese neuartig strukturierte Gesellschaft zusammenhielt und stabilisierte, war die Verbindung von Vasallität und Lehen.

Georges Duby hatte damit ein Drei-Phasen-Modell in die französische Forschung eingeführt: Es grenzte (1) die karolingische Ordnung, (2) eine kurze Phase dramatischen sozialen Wandels und (3) eine post-karolingische Ordnung der Feudalgesellschaft voneinander ab. Den entscheidenden Wandel datierte Duby in die Zeit um die Jahrtausendwende. Dieses Drei-Phasen-Modell, inklusive seiner Chronologie, bildete bis Anfang der 1990er Jahre das Paradigma jener französischen Mediävisten, die sich für Lehen und Vasallität interessierten. Der Unterschied zu Ganshofs Perspektive ist augenfällig: Ganshof hatte schon die Gesellschaft des Karolingerreichs im 9. Jahrhundert als wesentlich von Lehen und Vasallität strukturiert betrachtet. Dagegen sah der Mainstream der französischen Mediävistik der 1960er bis 1980er Jahre den Beginn der «féodalité» erst im 11. Jahrhundert – und kontrastierte dieses Feudalzeitalter mit der Gesellschaft im Frankenreich der Karolingerzeit, die politisch auf einem öffentlichen Ämterwesen und der Delegation von Macht durch die Zentralgewalt beruht habe, wirtschaftlich auf Fiskal- und Eigengut.

Seit den späten 1960er Jahren spielten nun gerade Südfrankreich und Katalonien eine wichtige Rolle in der französischen (und US-amerikanischen) Forschungsdiskussion über die Feudalgesellschaft. Das ist kein Zufall, sondern der Quellenlage geschuldet: Die wichtigste Basis schon für Dubys grundlegende Studie über das Mâconnais bildeten Urkunden. Seitdem steht dieser Quellentyp im Zentrum der französischen Forschung zum Lehnswesen. Das unterscheidet diese Forschungslandschaft von derjenigen zu Oberitalien und Flandern.

Gerade aus Südfrankreich und Katalonien ist nun aber eine beeindruckende Menge an Urkunden überliefert, die Aufschluss geben über den Zusammenhang zwischen Besitz und Dienstpflichten. Pierre Bonnassie veröffentlichte 1976 eine große Studie über die Gesellschaft Kataloniens im 10. und 11. Jahrhundert. Allein für diesen Zeitraum liegen aus der Region mehr als 20 000 Urkunden vor; sie stammen nicht nur aus den Archiven geistlicher Institutionen, sondern auch von Laien – wie etwa den Grafen von Barcelona. Seit der Zeit um 1020 finden sich in dem Material in wachsender Zahl Urkunden, die Mannschaft und Treueide dokumentieren. Allein aus dem zweiten Drittel des 11. Jahrhunderts sind für Katalonien gut 100 solcher schriftlich fixierten Eide bis heute bekannt geworden. Eine derart komplexe, dichte und variationsreiche Überlieferung ist für Europa in dieser Zeit außergewöhnlich. Nicht ohne Stolz hat Bonnassie denn auch festgehalten, wie früh das Wort *hominaticum* («Mannschaft») in Barcelona nachgewiesen werden könne: Es steht schon in einem Vertrag aus der Zeit zwischen 1017 und 1026, geschlossen zwischen dem Grafen Berengar Raimund I. von Barcelona und dem Grafen Ermengol II. von Urgell.

Die vielleicht wichtigste Quelle für feudo-vasallitische Bindungen in Katalonien sind die sogenannten *convenientiae* (wörtl.: «Übereinkünfte»). In diesen Verträgen wurden die gegenseitigen Rechte und Pflichten von Herr und Mann festgelegt; die Dokumente wurden deshalb auch in zweifacher Ausfertigung hergestellt. Der Herr versprach oder gab etwas, sein Mann leistete dafür Mannschaft und einen Eid, dass er dem Herrn fortan treu sein wolle und sich ihm gegenüber so verhalten werde, wie es ein Mann seinem Herrn gegenüber tun solle. Dazu gehörte insbesondere, dass er ihn nicht an Leib und Gliedern zu schädigen suchte.

Vergleichbare Dokumente sind aus dem 11. Jahrhundert nicht nur aus Katalonien überliefert, sondern auch aus verschiedenen Regionen Südfrankreichs. Sie sind für die Geschichte des Lehnswesens von hoher Bedeutung: Sie zeigen nämlich, dass hier – noch unabhängig von oberitalienischen Rechtsgelehrten – die Vergabe von Gütern einerseits und Mannschaft, Sicherheitseide und weitere Eide andererseits aufeinander bezogen wurden. Als unabhängig von den italienischen *Libri feudorum* erweist sich die Praxis schon dadurch, dass in dem katalanischen und südfranzösischen Material die Mannschaft eine Schlüsselposition einnimmt, während sie in den frühen Traktaten der Rechtsgelehrten aus Pavia und Mailand gar nicht erwähnt wird. Vor allem aber sind die ersten einschlägigen Urkunden diesseits und jenseits der Pyrenäen schon deutlich vor den ersten oberitalienischen Traktaten aufgesetzt worden.

Aus dem Languedoc beispielsweise haben sich seit dem 11. Jahrhundert mehrere verschiedene Typen von Dokumenten erhalten, die Aufschluss über feudo-vasallitische Bindungen geben: zunächst in hoher Zahl Texte, die Eide bezüglich einer Burg festhalten, dann Sicherheitseide, schließlich auch Belehnungen und Lehensauftragungen, das heißt Übertragungen von Eigengut an einen Herrn, der es sogleich als Lehen wieder zurückgibt. Die Typologie ist allerdings modern und vom Modell des Lehnswesens selbst geprägt. Bei näherem Hinsehen erweisen sich die Grenzen der verschiedenen Typen untereinander in der Praxis als genauso fließend wie die Grenzen zu anderen Dokumenten – etwa zu jenen Übereinkünften, mit denen Konflikte beigelegt wurden.

Neu und gerade auch aus Laienarchiven in hoher Zahl überliefert sind die schriftlich dokumentierten Eide, die Burgen betreffen. Sie sind in einer eigentümlichen Mischung aus Latein und der okzitanischen Volkssprache formuliert. Der Mann garantiert seinem Herrn, dass er ihm eine bestimmte Burg öffnen und zurückerstatten werde, sofern der Herr dies verlangt, und zwar bedingungslos, ohne Verzögerung, bei Tag oder Nacht, im Krieg oder im Frieden. Weiteres kann hinzutreten – etwa das Versprechen militärischer Hilfe für den Herrn oder die Pflicht zur Beratung – bisweilen mit der interessanten Klausel, dass der Mann Stillschweigen bewahren werde über das, was der Herr ihm anvertraut hat.

In ihren Formulierungen knüpfen diese schriftlich fixierten Eidestexte im Languedoc zwar an ältere Eide der Karolingerzeit an, doch bieten sie insgesamt etwas Neues. Sie betreffen die Verfügungsgewalt über Burgen; sie gehen von einer Hierarchie zwischen Mann und Herr aus; und sie sind, so hat Hélène Débax argumentiert, seit dem 11. Jahrhundert auch regelmäßig mit einem Ritual verbunden, nämlich mit jenem Handgang, mit dem jemand zum Mann seines Herrn wurde.

All das erinnert nun zwar an das Modell des Lehnswesens, entspricht ihm aber nicht ganz und gar. Die Grenzen zwischen dem, was in den Quellen *feum* oder *fevum* genannt wird, und dem, was *allodium* heißt, sind alles andere als scharf gezogen: Es wäre daher zu einfach, *feum/fevum* als «Lehen», *allodium* dagegen als «Eigengut» zu übersetzen; die Übergänge waren fließend. Auch sprechen die sogenannten Belehnungsurkunden im Languedoc regelmäßig von einer *donatio ad fevum*. Wollte man das wörtlich übersetzen, müsste man wohl von einer «Schenkung zu Leihe» sprechen – eine merkwürdig widersprüchliche Formulierung! Für das Languedoc lässt sich außerdem bei günstiger Überlieferung mehr als einmal nachweisen, dass sich ein und derselbe Mann vom selben Herrn gleich mehrfach mit ein und demselben Gut belehnen ließ. Das aber bedeutet: Auch in anderen Fällen mag eine isoliert überlieferte Belehnung tatsächlich nichts anderes bezeugen als das Ende eines Konflikts, bei dem der Status quo ante zwischen Herr und Mann wiederhergestellt wurde. Bisweilen gibt die Dokumentation zu erkennen, dass ein Herr das Land seines Mannes erst kaufte, um ihn unmittelbar darauf damit zu belehnen; aufgrund der Überlieferung können wir nicht exakt sagen, wie verbreitet diese Art von Geschäft war.

In Katalonien wiederum war es im 11. Jahrhundert geradezu üblich, dass der Herr einem berittenen Kämpfer (*miles*), der ihm in einer *convenientia* Treue, militärischen Beistand und Rat zugesichert hatte, dafür nicht etwa ein Stück Land lieh, sondern einen jährlichen Sold auszahlte. Dabei war es von Anfang an nicht ungewöhnlich, dass ein *miles* mehreren Herrn Dienste versprach und dafür auch von mehreren eine materielle Gegenleistung erhielt. Deshalb wurde in Katalonien schon früh der Status des *miles solidus* eingeführt: In diesem Fall durfte der Herr bestimmen, welchen anderen Herren der betreffende Ritter in Treue dienen durfte – und welchen er den Dienst aufzukündigen hatte. Der Dienst für mehrere Herren war dabei auch für diese selbst von Interesse: Auf diese Weise ließen sich politische und militärische Allianzen zusätzlich absichern.

Schließlich aber wird man auch noch dies betonen müssen: Die Grenze zwischen dem, was die ältere Forschung als «vasallitisches Lehen» und «bäuerliches Lehen» geschieden hat, ist in dem südfranzösischen Quellenmaterial fließend. Nicht selten erlaubt es erst die Kenntnis der beteiligten Personen, eine *donatio ad fevum* überhaupt nach diesen Kategorien zu klassifizieren.

So finden wir in Südfrankreich und Katalonien seit dem 10. Jahrhundert – in mancher Gegend früher, in anderen später – neuartige Dokumente. Sie zeigen uns regionale Gesellschaften, in denen die Verfügungsgewalt über Burgen und die Fähigkeit, zu Pferd zu kämpfen, wichtig waren – derart wichtig, dass jene *milites*, die so zu kämpfen wussten, mit der Vergabe von Land und anderen Gütern, auch mit Geld, entlohnt wurden. Die Dokumente zeigen uns Gesellschaften, in denen Allianzen zwischen Gleichen, aber auch Hierarchien zwischen Herr und Mann regelmäßig mit Hilfe von Eiden hergestellt wurden. Sie zeigen uns Gesellschaften, in denen bewaffnete Konflikte zwischen den Angehörigen der Eliten ebenso üblich waren, wie Kompromisse und Einigungen. Und sie zeigen uns Gesellschaften, die wohl auch wegen dieser Konflikte dazu übergingen, Vereinbarungen zwischen zwei Parteien schriftlich zu fixieren und zu archivieren.

Die Frage ist allerdings: Wie sollen Historiker diese Befunde deuten? Spätestens seit den 1970er Jahren hatten die meisten französischen Mediävisten die Ansicht vertreten, diese neuen Dokumente bezeugten einen raschen, gewaltsamen und fundamentalen sozialen Wandel im Laufe des 11. Jahrhunderts: weg von einer karolingischen Ordnung hin zu einer Feudalgesellschaft. Seit den frühen 1990er Jahren allerdings ist dieses Paradigma hinterfragt und kritisiert worden. Vor allem drei bedenkenswerte Argumente haben die Kritiker vorgetragen:

Erstens müssen neue Wörter und neue Dokumente nicht unbedingt auch für eine tiefgreifend veränderte Gesellschaft stehen. Dürfen wir sicher auf einen sozialen Wandel schließen, wenn in unseren Quellentexten nicht mehr von *vassi*, sondern von *milites* die Rede ist? Was änderte sich in der Praxis, wenn die Zeitgenossen statt von *beneficium* nun üblicherweise von *feum* oder *fevum* sprachen?

Zweitens ist fraglich, ob es unsere Überlieferung wirklich erlaubt, derart scharfe zeitliche Grenzen zu ziehen, wie es für die These einer «feudalen Mutation» notwendig ist. Lässt sich belegen, dass sich ein tiefer sozialer Wandel binnen nur ein, zwei Generationen vollzog? So reich die Überlieferung aus Südfrankreich und Katalonien auch sein mag – erhalten hat sich doch nur der kleinere Teil eines ehedem noch viel reicheren Bestandes an Urkunden. Die Verluste lassen sich methodisch nicht kontrollieren; niemand kann sagen, ob das tradierte Material repräsentativ ist. Wer will da behaupten, er könne handfest die Nicht-Existenz dieses oder jenes Quellentyps, dieses oder jenes Worts vor oder nach einem bestimmten Stichjahr beweisen? Was, wenn in einem heute verlorenen Urkundenbuch einst Hunderte Gegenbelege zu finden waren? Und wie lange vor seiner ersten Niederschrift war ein Wort bereits mündlich im Umlauf?

Drittens schließlich haben Kritiker jene begriffliche Unterscheidung aufs Korn genommen, die das Modell der «mutation féodale» (wie auch das der «révolution féodale») implizit strukturieren. Das Modell lebt von der Unterscheidung zwischen einer öffentlichen und einer privaten Sphäre; es kontrastiert die karolingische, staatlich-öffentliche Ordnung mit der Privatisierung der Macht durch die Eliten des 11. Jahrhunderts. Nach allem, was die jüngere Forschung zur Karolingerzeit herausgearbeitet hat, ist dieser Kontrast unangemessen. Mit anderen Worten: Die große Schwäche der Mutations-Verfechter ist ihre

Unkenntnis des 9. Jahrhunderts. Das wiederum erklärt sich auch daraus, dass Südfrankreich und Katalonien, von denen aus das Paradigma der «mutation féodale» entwickelt wurde, im 9. Jahrhundert recht arm an Quellen, zumal an Urkunden sind.

Aber schlimmer noch: Die Dichotomie «öffentlich vs. privat», die das Modell strukturiert, ist wahrscheinlich sogar anachronistisch. Es spricht wenig dafür, dass diese Dichotomie, so wie sie im Europa des 20. Jahrhunderts selbstverständlich war, für uns hilfreich ist, um Gesellschaften im Europa des 10. und 11. Jahrhunderts zu analysieren. Deutsche Mediävisten haben diese Skepsis schon seit Jahrzehnten verinnerlicht: Schon der Wiener Historiker Otto Brunner hatte 1939 in seinem hierzulande berühmten und vielgelesenen Buch «Land und Herrschaft» die Trennung von «privat» und «öffentlich» für die Erforschung des Mittelalters für unangemessen erklärt – wenn auch aufgrund von Annahmen, deren Nähe zu nationalsozialistischen Ideologemen mittlerweile deutlich herausgearbeitet worden ist. Immerhin wird so verständlich, warum die große französisch-amerikanische Forschungsdiskussion über die «mutation féodale» deutsche Mittelalterhistoriker kaum interessiert hat: Sie hatten sich schon allzulange abgewöhnt, von «öffentlichen Burgen», «öffentlicher Gewalt» oder «privater Macht» zu sprechen.

Die Forschungsdebatte über die «mutation féodale» hat mittlerweile auch in Frankreich an Hitzigkeit eingebüßt. Die «Mutationisten» halten zwar an ihrer Position im Kern weiter fest; ihre Perspektive ist aber weniger kanonisch, und sie hat Konkurrenz bekommen. Nicht wenige französische Historiker nehmen heute an, dass es im 11. Jahrhundert in den verschiedenen Regionen zu je unterschiedlichen Zeiten zu einer Reihe von Anpassungen gekommen sei, die – aufs Ganze gesehen – bis ins 12. Jahrhundert hinein die betreffenden Gesellschaften allmählich transformiert hätten. Im Zuge dessen ist zuletzt die Rolle der Kirche und der Gregorianischen Reform für diesen gesellschaftlichen Wandel stärker in den Blick der Forschung geraten.

4. Die nordalpinen Regionen des Reichs

Im Vergleich zu Oberitalien, Flandern, Südfrankreich und Katalonien entwickelten sich in den Regionen des werdenden Deutschland erst ziemlich spät Zusammenhänge zwischen Besitz und sozialen Bindungen, die dem Modell des Lehnswesens nahekommen. Dabei lassen sich auch hier regionale Eigenheiten beobachten: für den Westen und Süden finden sich früher Belege als für den Norden und Osten. Die Forschungsdiskussion, die Susan Reynolds angestoßen hat, hat allerdings auch in der Geschichte des Reichs ihre Spuren hinterlassen. Die klassische Lehre einer staufischen Reichsreform auf lehnrechtlicher Basis erscheint mittlerweile zu guten Teilen obsolet, manches ehrwürdige Handbuchwissen sogar zur Ereignisgeschichte des Reichs im 12. Jahrhundert ist überholt.

Die ältere Forschung hatte angenommen, im 12. Jahrhundert habe die Herrschaft der Könige über die Großen des Reichs eine neue, lehnrechtliche Basis erhalten. Gemeint war damit: Die Herrschaft des Königs habe immer weniger darauf beruht, dass er Adlige in Ämter einsetzte; stattdessen band er sie als Vasallen an sich, an die er Lehen vergab. Den Anfang, so nahm man weiter an, hätten dabei die Bischöfe und Reichsäbte gemacht. Im Jahr 1122 mündete der sogenannte Investiturstreit in einen Kompromiss, der hierfür die Grundlagen geschaffen habe. Nach fast fünf Jahrzehnten immer neuer Konflikte zwischen Kaiser, Fürsten und Papst wurde am 23. September 1122 in Worms ein Vertrag zwischen Heinrich V. und Calixt II. geschlossen, das sogenannte Wormser Konkordat. Es regelte, welche Rechte der König bei der Wahl und Einsetzung von Bischöfen in den verschiedenen Teilen des Reiches künftig haben sollte. Spätestens seit einer grundlegenden Arbeit von Peter Classen von 1973 waren Historiker überzeugt: In diesem Wormser Vertrag seien die weltlichen Rechte (*temporalia*) einerseits und die geistlichen Rechte (*spiritualia*) andererseits scharf getrennt worden. Die weltlichen Rechte – nicht die geistliche Würde oder gar die Weihe – sollten fortan als Lehen an die Bischöfe und Reichsäbte verliehen werden. Die Geistlichen schworen dafür dem König

Treue und leisteten ihm Dienste; formal bekräftigten sie das Verhältnis durch Treueid und Mannschaft. Seit 1122, so meinten Historiker folglich, seien die Bischöfe und Reichsäbte durch feudo-vasallitische Bindungen dem König verpflichtet gewesen.

Die weltlichen Fürsten eiferten diesem Vorbild nach. Im Laufe des 12. Jahrhunderts definierten die Herrscher, zumal Kaiser Friedrich I. Barbarossa, ihre Beziehungen zu den Laienfürsten immer stärker lehnrechtlich. So wandelten sich die Herzogtümer in Lehen, die Bindung der Großen an den Herrscher wurde allmählich immer konsequenter als Vasallität begriffen. In den Jahren kurz vor 1200 führte dieser Umbau der Reichsverfassung auf lehnrechtlicher Basis schließlich dazu, dass sich eine Spitzengruppe auch im weltlichen Adel als Reichsfürsten von den übrigen Adligen abgrenzte: Das war die Gruppe jener Großen, die Lehen allein vom König oder von geistlichen Fürsten hielten, nicht aber von anderen Laienadligen. Seit Langem galten der Forschung einige wenige Ereignisse als Marksteine dieser Geschichte einer neuen staufischen Lehnspolitik: die Begegnung zwischen Papst Hadrian IV. und Friedrich Barbarossa in Sutri 1155, dann die Ausstellung des «Privilegium minus» von 1156, der Hoftag von Besançon 1157, schließlich der Prozess Heinrichs des Löwen seit 1179 mitsamt der Ausfertigung der sogenannten Gelnhäuser Urkunde im April 1180.

Dieses Bild wurde bis weit nach der Jahrtausendwende in historischen Hand- und Lehrbüchern vermittelt. Angeregt von der Skepsis Susan Reynolds', haben jedoch inzwischen mehrere Mediävisten Zweifel an dem Szenario angemeldet. Auch hier also müssen wir wieder Historikern bei ihrer Forschungsarbeit und Fachdiskussion über die Schulter schauen. Denn die Kritik an der Interpretation der genannten Schlüsselereignisse der Reichsgeschichte des 12. Jahrhunderts hat Folgen für unser Bild von der Geschichte des Lehnswesens im Reich nördlich der Alpen.

Die Probleme beginnen bereits bei der Deutung des Wormser Konkordats. Die beiden Urkunden, die das Vertragswerk bilden, erwähnen weder Lehen noch Vasallität. Stattdessen heißt es in der Urkunde Calixts II. für Kaiser Heinrich V. sehr viel offener: «Der gewählte [Bischof] soll die dem König zustehenden Rechte (*regalia*) durch das Szepter von Dir empfangen und das tun, was er Dir zu Recht von ihnen schuldet.» Der Weg von dieser Textpassage zur These einer Feudalisierung der Reichsverfassung ist weit: Er führt durch Frankreich und England; und er ist auch dann nur zu bewältigen, wenn man bereit ist, aus einzelnen Wörtern jeweils auf das gesamte Modell des Lehnswesens zu schließen. Die Argumentation läuft grob wie folgt: Der Investiturstreit in England wurde dadurch ausgelöst, dass der Erzbischof Anselm von Canterbury dem König das *hominium* verweigerte; ähnlich lässt sich auch für Frankreich zeigen, dass das *hominium* im dortigen Investiturstreit eine Rolle spielte. Analoges wird man für das Reich vermuten dürfen – und tatsächlich lassen spätere Quellen immerhin durchschimmern, dass das *hominium* der Bischöfe ein Gegenstand der Diskussion in der Spätphase des Investiturstreits gewesen sei. Die offene Formulierung in der Urkunde Papst Calixts II., der gewählte Bischof solle die Regalien vom König durch das Szepter empfangen und «das tun, was er Dir zu Recht von ihnen schuldet», ist folglich konkret lehnrechtlich zu verstehen. Sie formuliert – bewusst verschleiert – die Pflicht des Bischofs, dem König für die Verleihung der Regalien das *hominium* zu leisten.

Jürgen Dendorfer hat dieses Thesengebäude zu Recht kritisiert. Er hat gezeigt, dass das *hominium* in der ersten Hälfte des 12. Jahrhunderts durchaus nicht eindeutig im Kontext des Lehnswesens stand, sondern auch unabhängig davon praktiziert wurde – etwa, wie wir gesehen haben, bei der Huldigung von Untertanen oder auch, um eine Abmachung zu bekräftigen, zum Beispiel bei der Beendigung eines Konflikts. (Eine sogenannte Sühnemannschaft einer unterlegenen Konfliktpartei, die nicht an ein Lehen gebunden war, kennen wir übrigens auch noch aus dem Spätmittelalter.) Es wäre demnach schon einigermaßen unsicher, allein aus der Erwähnung eines *hominium*, das Bischöfe zu leisten hatten, auf eine lehnrechtliche Bindung zu schließen. Tatsächlich wird das *hominium* als Zankapfel des Investiturstreits aber überhaupt erst in späteren Texten erwähnt, nicht in zeitgenössischen oder wenigstens zeitnahen Dokumenten. Zusammengenommen heißt das: Es ist insgesamt nicht beweisbar, ja sogar eher unwahrscheinlich, dass schon das Wormser Konkordat systematisch die Bischöfe des Reiches lehnrechtlich an den Herrscher band.

Festeren Boden betreten wir erst in der zweiten Hälfte des 12. Jahrhunderts, in der Zeit Friedrichs I. Barbarossa. In den Jahren nach seiner Krönung 1152 verdichten sich die Belege für ein neues Interesse an Lehen und Vasallität auch im nordalpinen Teil des Reiches. Schon die ältere Forschung hat das beobachtet und diskutiert. Es erscheint allerdings in anderem Licht, wenn wir annehmen müssen, dass der König nicht eine schon jahrhundertealte Praxis nur konsequent für seine Politik genutzt, sondern eine aktuelle Entwicklung im gelehrten Recht aufgegriffen hat. Barbarossa und die politischen Eliten dürften den neuen, systematischeren Umgang mit Lehen und Vasallität in Oberitalien kennengelernt haben. Die italienische Innovation kam ihnen politisch dann auch nördlich der Alpen zupass.

Schon gut zwei Jahre nach der Wahl zum König brach Barbarossa im Oktober 1154 zu seinem ersten Italienzug auf. Anfang Dezember des Jahres erließ er auf einem Hoftag bei Roncaglia ein Gesetz über *beneficia* und *feuda*. Dabei orientierte sich der Hof an einem Gesetz, das 1136 Lothar III. am selben Ort öffentlich bekannt gemacht hatte. Mit ähnlichen Worten wie seinerzeit Lothar umschrieb nun auch Friedrich Barbarossa den Anlass: Er habe von den italienischen Fürsten Klagen darüber vernommen, dass «Vasallen (*vassalli*) die *beneficia* und *feuda*, die sie von ihnen hielten, ohne Erlaubnis ihrer Herren als Pfand eingesetzt, verkauft oder in irgendwelchen Geheimabsprachen unter dem Namen eines Livellar-Vertrags veräußert hatten, wodurch sie die geschuldeten Dienste (*servitia*) außer Acht ließen und die Ehre des Reiches und die Vollendung unseres glücklichen Heereszugs geschmälert wurden».

In der Tat, Barbarossas militärische Schlagkraft in Italien hing nicht zuletzt davon ab, dass die italienischen Fürsten ihm im Land selbst angemessen große Kontingente zur Verfügung stellten. Das aber war nur möglich, wenn deren Vasallen ihren Pflichten nachkamen. Wenn sich Vasallen in größerer Zahl dem

Kriegsdienst dadurch entzogen, dass sie ihre Lehen entfremdeten, dann war die militärische Stärke auch des Herrschers selbst massiv beeinträchtigt. Mit seinem Lehensgesetz von Ende 1154 versuchte Barbarossa dem entgegenzusteuern. Er schärfte zunächst noch einmal ein, was schon Lothar III. 1136 bestimmt hatte: Niemand durfte ein Lehen ohne Erlaubnis des Herrn entfremden. Barbarossas Text erweist sich allerdings schon hier als präziser – verbietet er doch ausdrücklich auch den Verkauf oder die Verpfändung von Lehen.

Darüber hinaus erklärte Barbarossa, anders als Lothar, nun kurzerhand auch alle bereits getätigten Geschäfte dieser Art für ungültig. Jedem Schreiber, der einen Vertrag darüber aufgesetzt hatte, drohte er den Verlust seiner Hand an. Außerdem hielt er fest, dass jeder Lehnsnehmer (*infeudatus*), der mehr als 14 Jahre alt war, binnen Jahr und Tag die Investitur (*investitura*) in das Lehen von seinem Herrn zu erbitten habe – oder das Lehen falle wieder an den Herrn zurück. Auch diese Maßnahme sollte die Kontrolle des Herrn über die Lehen bestärken. Und schließlich regelte Barbarossa noch eigens die Pflicht zum Kriegsdienst: Jeder, der die persönliche Heeresfolge versäume und weder einen Vertreter schicke noch die Hälfte seiner Jahreseinkünfte aus seinem Lehen zahle, der solle sein Lehen verlieren, so dass es wieder an den Herrn zurückfalle. Damit war eingeschärft: Wer seine Lehen halten wollte, musste Militärdienst leisten.

Der Text geht unzweifelhaft von einem Zusammenhang zwischen *feuda* und Kriegsdienst aus. Barbarossa hatte bereits erste, unangenehme Erfahrungen mit den untereinander zerstrittenen Städten Oberitaliens gemacht, zumal mit dem reichen und unbotmäßigen Mailand. Wir können annehmen, dass Friedrich in Italien rasch begriffen hatte, wie wichtig es für ihn war, seine militärische Schlagkraft im Land zu erhöhen. Sein Rückgriff auf Lothars Gesetz von 1136 und die Präzisierung und Verschärfung dieser früheren Bestimmungen im Dezember 1154 erklären sich wohl auch aus diesen Erfahrungen.

Barbarossas Gesetz entstand nun etwa zu jener Zeit, da die *Libri feudorum* in Oberitalien in ihrer ältesten Fassung kompiliert wurden. Schon bei seinem ersten Italienzug lernte Barbarossa jene Rechtsgelehrten neuen Typs kennen, die sich für solche Traktate interessierten, sie weiterentwickelten und in der Rechtspraxis anwendeten. Der Kontakt der Juristen zum König öffnete deren neuartigen Überzeugungen, Kategorien und Begriffen ein weites Wirkungsfeld: Seit dieser Zeit können wir beobachten, wie Vorstellungen vom Verbund zwischen Lehen und Vasallität das Handeln des Herrschers und der Fürsten auch in den nordalpinen Teilen des Reiches immer stärker beeinflussten. Die aktuelle juristische Lehre ließ sich in Deutschland politisch gleich in mehrfacher Weise ausmünzen: Sie konnte den Mächtigen dazu dienen, ihre Rechte und ihren Besitz zu erweitern. Sie half aber auch, tragfähige Kompromisse auszuhandeln, mit denen schwelende Konflikte zwischen Angehörigen der Eliten beendet wurden.

Das berühmteste Beispiel für eine solche gütliche Konfliktlösung ist zweifellos das «Privilegium minus» – ein Privileg, das Friedrich am 17. September 1156 in Regensburg seinem Onkel Heinrich Jasomirgott gewährte. Die Urkunde war Teil eines politischen Kompromisses, der einen jahrelangen, bedrohlichen Streit beilegte. In den 1130er Jahren war Heinrich der Stolze Herzog von Sachsen und Bayern gewesen, hatte aber kurz vor seinem Tode 1139 einen Streit mit König Konrad III. angezettelt. Konrad hatte ihn daraufhin in die Acht setzen und seiner Herzogtümer verlustig erklären lassen. Das Herzogtum Bayern hatte der König damals zunächst an Leopold IV. vergeben, nach dessen Tod an Leopolds Bruder Heinrich Jasomirgott. Der Konflikt war damit allerdings nicht gelöst und schwelte auch Mitte der 1150er Jahre noch: Nicht nur Heinrich Jasomirgott, sondern auch der Sohn Heinrichs des Stolzen, Heinrich der Löwe, erhob Anspruch auf die Herzogswürde in Bayern. Friedrich Barbarossa war mit beiden Parteien eng verwandt: Heinrich Jasomirgott war ein Onkel, Heinrich der Löwe ein Vetter des Kaisers.

Anfang September 1156 gelang es Friedrich Barbarossa nun, mit Hilfe des Lehnswesens eine gütliche Lösung auszuhandeln. Sie ist im «Privilegium minus» dokumentiert, einer Urkunde des Kaisers, die leider nicht im Original, sondern nur in jüngeren

Abschriften überliefert ist. Wichtig ist: Bis zu dieser Zeit war es im Reich ganz unüblich, die Herzogswürde als Lehen zu vergeben; und das sollte auch noch jahrzehntelang so bleiben. Im Falle Bayerns aber machte Barbarossa eine Ausnahme! Er habe, so ließ er in der Urkunde wissen, den Streit zwischen seinem Onkel und seinem Vetter auf folgende Weise beendet: Heinrich Jasomirgott habe ihm die Herzogswürde über Baiern (*ducatus Bawarie*) wieder zurückgegeben. Daraufhin habe er, Friedrich, das Herzogtum sofort Heinrich dem Löwen als *beneficium* gewährt. Der habe dann seinerseits die Mark Österreich, bis dato ein Teil Baierns, dem Kaiser zurückgegeben. Friedrich verwandelte diese Mark in ein Herzogtum und gewährte dieses dann als *beneficium* seinem Onkel Heinrich Jasomirgott und dessen Gemahlin Theodora.

Das war neu: Eine ältere Belehnungsurkunde für einen Herzog hat sich aus dem Reich jedenfalls nicht erhalten. Der Kompromiss baute offenbar wesentlich darauf, dass man das Herzogtum als Lehen begriff. Denn genau dies eröffnete dem, der die feinsinnigen Überlegungen oberitalienischer Juristen kennengelernt hatte, die Möglichkeit, eine passgenaue Lösung für den Streit auszuhandeln: Ein Lehen konnte man prinzipiell teilen; und man konnte – so sahen es jedenfalls die Rechtsgelehrten – für Lehen sehr individuelle Vereinbarungen zu weiteren Fragen aushandeln. Wer sollte, außer dem Sohn, das Lehen erben können? Welche Dienstpflichten sollten konkret an das Lehen gebunden sein? Gerade in diesen Punkten kam Friedrich seinem Onkel, dem neuen Herzog von Österreich, sehr weit entgegen: Nicht nur Söhne, auch Töchter sollten das als *beneficium* vergebene Herzogtum Österreich erben können; und falls Heinrich und Theodora, die mitbelehnt wurde, ohne Nachkommen sterben würden – das schien angesichts der Kinderlosigkeit des Herzogspaares 1156 durchaus möglich –, sollten sie das Recht haben, das *beneficium* einem Erben ihrer Wahl zukommen zu lassen. Im Übrigen sollte der Herzog von Österreich dem Reich keinen anderen Dienst schulden als den Besuch jener Hoftage in Bayern, zu denen der Kaiser ihn rufe; und zur Heeresfolge war er ausdrücklich nur in den Gebieten verpflichtet, die seinem eigenen Herzogtum benachbart lagen. Das waren ungewöhnliche Zugeständnisse an einen Herzog. Sie waren offensichtlich notwendig, um Heinrich Jasomirgott zum Einlenken zu bewegen. Unter diesen Bedingungen war er bereit, seinen Anspruch auf ganz Bayern fallen zu lassen und sich künftig mit der zum Herzogtum erhobenen Mark Österreich zufriedenzugeben. Der Kompromiss erwies sich als tragfähig. Er steht am Anfang der Geschichte Österreichs.

Bald sollte sich die neue Sensibilität des Hofes für *feuda* auch auf einem anderen politischen Feld zeigen: Lehen und Vasallität wurden jetzt zu einem neuen Argument im alten Streit über das gottgewollte Verhältnis zwischen den universalen Gewalten des Papstes und des Kaisers. Die ältere Forschung hat gleich die erste Begegnung zwischen Friedrich Barbarossa, der damals noch König war, und Papst Hadrian IV. vom Lehnswesen beherrscht gesehen: Im Juni 1155 traf sich Barbarossa mit dem Papst bei Sutri, unweit Roms. Der König strebte nach der Kaiserkrone, die ihm allein der Papst aufs Haupt setzen konnte; das Treffen bei Sutri sollte der Vorbereitung der Krönung dienen. Als der Papst in das Zeltlager des Kaisers einritt, geschah jedoch etwas Unerwartetes: Ein Streit entbrannte über die Frage, wie der König den Papst dort zu empfangen habe. Die ältere Forschung nahm an, Friedrich habe dem Papst den sogenannten Marschalldienst verweigert; Barbarossa habe also nicht den Steigbügel halten wollen, während der Papst vom Pferd abstieg. Die Erklärung für diese Weigerung glaubte Robert Holtzmann in den 1920er Jahren gefunden zu haben: Den Marschalldienst hätten üblicherweise nämlich Vasallen ihrem Herrn leisten müssen. Friedrich habe vermeiden wollen, etwas zu tun, was ihn als Vasallen des Papstes hätte ausweisen können.

Achim Hack und Roman Deutinger haben dagegen in jüngerer Zeit darauf aufmerksam gemacht, dass kein einziger unserer einigermaßen zeitnahen Quellenberichte das Geschehen in Sutri in einen lehnrechtlichen Kontext stellt. Nach Deutinger lag der missglückten Begegnung bei Sutri wahrscheinlich schlicht ein Missverständnis zugrunde, das durch unpräzise Absprachen im Vorfeld entstanden war: Friedrich habe sich keineswegs geweigert, den Marschalldienst zu leisten. Er habe ihn nur in anderer Weise geleistet, als es der Papst erwartet hatte. Vielleicht hielt er einfach den falschen Steigbügel. Dadurch brachte er den Papst allerdings in eine einigermaßen lächerliche Situation. So kam es zum Eklat; schon zwei Tage später aber, als man das Procedere genauer abgesprochen hatte, wiederholten Papst und König den Akt noch einmal. Diesmal ging alles glatt, so dass der Kaiserkrönung Barbarossas nichts mehr im Wege stand. Für die Begegnung von Sutri hätte demnach das Lehnswesen keine Rolle gespielt.

Es steht noch nicht fest, ob sich Deutingers so bodenständige wie quellennahe Sicht des berüchtigten Vorfalls durchsetzen wird. Ganz sicher aber wurden Lehen bald darauf, nämlich im Herbst 1157, zu einem Argument in den politischen Beziehungen zwischen Kaiser und Papst. Im Oktober des Jahres hielt Barbarossa einen Hoftag in Besançon ab. Dort trafen ihn auch zwei Legaten des Papstes; sie überbrachten dem Kaiser einen Brief Hadrians IV. In diesem Schreiben äußerte sich der Papst unzufrieden mit Barbarossas Zurückhaltung in der Sache des Erzbischofs Eskil von Lund: Der Geistliche war auf der Rückreise aus Rom überfallen und gefangen gesetzt worden. Hadrian warf dem Kaiser vor, er habe sich nicht intensiv genug für die Befreiung Eskils eingesetzt. Im Zuge dessen rief der Papst Barbarossa ins Gedächtnis, dass er ja die Kaiserkrone von ihm erhalten habe; und er sei bereit, Barbarossa sogar noch größere *beneficia* zukommen zu lassen.

Der Satz führte zum Eklat: Denn der Kölner Erzbischof Rainald von Dassel, der den Papstbrief für die Teilnehmer des Hoftags aus dem Lateinischen ins Deutsche übersetzte, sprach an dieser Stelle nicht von der Grundbedeutung, nicht von «Wohltaten» also, sondern von «Lehen». Vielleicht hätte sich ein Konflikt noch vermeiden lassen; doch einer der beiden Legaten heizte die Stimmung noch zusätzlich an, indem er provokant fragte: «Vom wem hat er denn die Kaiserwürde, wenn er sie nicht vom Herrn Papst hat?» So war das Zerwürfnis zwischen Barbarossa und Hadrian IV. perfekt. Es schwelte monatelang. Erst im Juni 1158 gab Hadrian klein bei und erläuterte in einem weiteren Schreiben, er habe mit dem Wort *beneficium* nicht ein *feudum* (also ein Lehen), sondern ein *bonum factum* (also eine Wohltat) gemeint.

Für die Geschichte des Lehnswesens im Reich ist der Fall hochinteressant. Zum ersten Mal ist hier fassbar, dass Zeitgenossen das Verhältnis zwischen Papst und Kaiser in den sich schärfenden Kategorien des Lehnrechts diskutierten. Die politische Streitfrage war älter; auch im sogenannten Investiturstreit war sie schon hitzig debattiert worden. Neu aber war, dass das Verhältnis nun auch lehnrechtlich gefasst werden konnte. So bezeugt der Vorfall von Besançon ebenfalls eine neue Sensibilität des Hofes für Lehen und Vasallität.

Schon im Jahr darauf weilte Friedrich Barbarossa wieder in Italien; und wieder hielt er einen Hoftag in Roncaglia. Auch diesmal wieder hatte er Kontakt zu Rechtsgelehrten, jetzt zu Juristen aus Bologna. Das Ergebnis war einerseits eine neue, berühmte Definition dessen, was die Rechte des Kaisers seien. Zugleich aber kam Barbarossa auch noch einmal auf das zurück, was er schon vier Jahre zuvor in Angriff genommen hatte. Er erließ ein zweites Lehensgesetz, mit noch präziseren Vorschriften zum Umgang mit *feuda* und zu den aus ihrer Vergabe resultierenden Diensten und Pflichten.

Der neue Text übernimmt zunächst wortwörtlich das gesamte Gesetz von 1154. Die Wiederholung macht deutlich, dass Barbarossa und seinen Ratgebern die älteren Bestimmungen nach wie vor wichtig waren: Mittlerweile hatte der Kaiser begonnen, sich aktiv und mit einem großen Heer in Italien gegen Mailand und andere Kommunen zu engagieren. Da mochte es ihm ratsam erscheinen, sich noch einmal der eigenen militärischen Stärke in Italien zu vergewissern. Allerdings beließen es Barbarossa und seine Entourage nicht einfach bei einer Wiederholung des früheren Textes. Über die Bestimmungen von 1154 hinaus setzten sie nun nämlich fest: Ein Herzogtum, eine Markgrafschaft oder Grafschaft dürfe künftig nicht mehr geteilt werden, ein anderes Lehen (*aliud feudum*) dagegen sehr wohl. Allerdings müssten dann alle, die einen Teil erhielten, dem Herrn auch den Treueid leisten. Der Sinn der Bestimmung liegt auf der

Hand: Die großen Herrschaftskomplexe sollten ungeteilt bleiben, damit die Herzöge, Markgrafen und Grafen Barbarossa loyal Truppen zuführten. Die Lehen, die diese Herren austaten, konnten jedoch aufgeteilt werden; denn das vermehrte zugleich die Zahl derjenigen, die in den Krieg zu ziehen hatten – stärkte also Barbarossas militärische Schlagkraft.

Probleme bereiteten Lehensteilungen jedoch dann, wenn die betroffenen Lehnsnehmer ihrerseits Vasallen hatten. Deshalb wurde hierzu noch Weiteres festgelegt: Die Teilung eines Lehens sollte nur unter der Bedingung möglich sein, dass dadurch kein Vasall gezwungen wurde, für sein Lehen mehrere Herren zu haben; und ein Herr durfte das Lehen auch nicht ohne Einwilligung seines Vasallen einem anderen geben. Die Bestimmung ist interessant: Sie dynamisierte kraftvoll den Umgang mit Lehen. Unterhalb der Ebene der Grafschaften war damit fast alles möglich – solange es nur im Einvernehmen zwischen Herrn und Vasallen geschah. Damit vervielfältigten sich die möglichen Strategien im Umgang mit Lehen, und es bestanden gute Chancen, dass auch die Zahl der für Barbarossa in den Krieg ziehenden Vasallen stieg.

Darüber hinaus regulierte das Gesetz genauer, unter welchen Bedingungen ein Herr seinem Vasallen ein Lehen wieder entziehen dürfe. Das war dann möglich, wenn der Sohn eines seiner Vasallen ihn beleidigt hatte und der Vasall sich in dieser Situation nicht von seinem Sohn trennte. Sofern der Vater versuchte, den Sohn zur Genugtuung gegenüber dem Herrn zu überreden, der Sohn sich aber dennoch weigerte, sollte er das Lehen nicht erben dürfen. Auch wenn ein Vasall eines Vasallen den Herrn seines Herrn beleidigte, sollte der Beleidiger sein Lehen verlieren (sofern er nicht Genugtuung leistete). Und sofern ein Vasall seinen Vasallen, der den Herrn seines Herrn beleidigt hatte, nicht zur Genugtuung aufforderte, sollte er ebenfalls seines Lehens verlustig gehen. Das Ziel dieser Bestimmungen liegt auf der Hand: Das Gesetz definierte in einem gestuften System von Lehnsvergaben klarere Hierarchien. Treue sollte nicht nur gegenüber dem eigenen Herrn Pflicht sein, sondern auch gegenüber dem Herrn des Herrn. Sie sollte nicht nur für den Vater

Pflicht sein, sondern auch für den Sohn, den potentiellen Erben und Nachfolger im Lehen.

Weitere Bestimmungen galten der Frage, wie Streitfälle gelöst werden sollten. Wenn zwei Vasallen sich um ein Lehen stritten, durfte deren Herr eine Entscheidung treffen. Wenn aber ein Herr mit seinem eigenen Vasallen in Streit geriet, dann sollten die Standesgenossen des Vasallen ein Urteil fällen, und zwar auf der Grundlage ihrer Treue gegenüber ihrem Herrn. Diese Regelung schützte den Vasallen: Er sollte nicht der Willkür seines Herrn ausgeliefert sein, sondern unterstand dem Gericht seiner Standesgenossen, also der übrigen Vasallen.

Eine letzte Bestimmung schließlich machte den Kaiser zum Herrn über alle vasallitischen Bindungen. Denn keiner, so hieß es im Gesetz von 1158, durfte einen Treueid gegenüber seinem Herrn schwören, ohne von der Treue – und das hieß konkret: von der militärischen Hilfe – ausdrücklich den Kaiser auszunehmen. Sofern der Herr gegen den Kaiser zog, durfte sein Vasall ihm nicht folgen. Der Satz war für Barbarossas Stellung unverzichtbar: Erst diese Bestimmung verhinderte, dass sich das qua Lehnswesen generierte militärische Potential gegen den Kaiser selbst richten konnte.

Nimmt man die Belege zusammen, so besteht kein Zweifel: Seit den 1150er Jahren entdeckten und nutzten der König und die Eliten aus den nordalpinen Teilen des Reiches die Chancen und Spielräume, die *feuda* für die Organisation von Besitz und Rechten einerseits und sozialen Beziehungen andererseits eröffneten. Dass die Italienzüge und der Kontakt zu den oberitalienischen Rechtsgelehrten hierbei eine zentrale Rolle spielten, liegt auf der Hand. Pessimistischer als die frühere Forschung beurteilt man allerdings aktuell die Geschwindigkeit, mit der sich die neuen Institutionen nördlich der Alpen ausbreiteten. Die Verleihung von Herzogtümern als Lehen beispielsweise, so hat Roman Deutinger gezeigt, wurde hier erst im Laufe des 13. Jahrhunderts zum Normalfall.

Vor diesem Hintergrund wird man schließlich auch noch einmal neu über einen dramatischen Konflikt der Jahre um 1180 nachdenken müssen. Damals verlor Heinrich der Löwe, der

Herzog von Bayern und Sachsen, seine Herzogswürde und seine Lehen. Die ältere Forschung ist wie selbstverständlich davon ausgegangen, dass man in dem Prozess, dem der mächtige Herzog schließlich zum Opfer fiel, eine land- und eine lehnrechtliche Ebene unterscheiden könne. Die Grundlage für diese Sicht bildet jene berühmte Urkunde, die Friedrich Barbarossa am 13. April des Jahres 1180 im hessischen Gelnhausen ausstellen ließ. Das kaiserliche Diplom behandelt an sich schon die Folgen, die Heinrichs Absetzung nach sich zog: Barbarossa beurkundete nämlich, dass er das Herzogtum Westfalen – also den westlichen Teil des ehemaligen Herzogtums Sachsen – der Kölner Kirche geschenkt und den Kölner Erzbischof, Philipp von Heinsberg, damit investiert habe. Um diesen Akt zu legitimieren, erzählt die Urkunde nun aber in aller Kürze auch von jenem Verfahren, das schließlich zum Sturz des Löwen geführt hatte. In einem einzigen, langen und reichlich unübersichtlichen Satz wird das Geschehen zusammengefasst. In der Übersetzung von Karl Heinemeyer lautet er:

«Deshalb möge die Gesamtheit sowohl der gegenwärtigen wie der zukünftigen Getreuen des Reiches wissen, dass Heinrich, ehemals Herzog von Bayern und Westfalen, darum weil er der Kirchen Gottes und der Edlen des Reiches Freiheit dadurch, dass er sich ihrer Besitzungen bemächtigte und ihre Rechte minderte, schwer unterdrückt hatte, auf drängende Klage der Fürsten und sehr vieler Edler, dass er obwohl durch Ladung aufgerufen, sich unserer Majestät zu stellen verschmäht habe und für diese Widerspenstigkeit dem Spruch der Fürsten und Schwaben seines Standes auf unsere Acht verfallen sei, sodann, weil er gegen die Kirchen Gottes und der Fürsten wie der Edlen Rechte und Freiheit zu wüten nicht abgelassen hat, sowohl wegen des jenen zugefügten Unrechts als auch wegen vielfältiger und erwiesener Missachtung und besonders wegen offenkundigen Majestätsverbrechens unter Lehnrecht (*sub feodali iure*) mit gesetzmäßiger dreimaliger Verordnung vor unsern Richterstuhl geladen, deshalb, weil er sich ferngehalten und auch niemanden an seiner Stelle als verantwortlichen Vertreter gesandt hatte, als widerspenstig verurteilt worden ist und dass demgemäß sowohl die Herzogtümer Bayern als auch Westfalen und Engern wie sogar sämtliche Lehen (*omnia beneficia*), die er vom Reiche besaß, durch einmütigen Spruch der Fürsten auf dem feierlichen Hoftag in Würzburg ihm aberkannt und unserem Recht und unserer Herrschaftsgewalt zugesprochen worden sind.»

Was dieses Satz-Ungetüm eigentlich aussagen soll, ist nicht leicht zu eruieren. Der Großteil der Forschung aber ging bis in die jüngste Zeit davon aus, dass im ersten Teil ein Verfahren nach Landrecht, im zweiten Teil dagegen ein Verfahren nach Lehnrecht beschrieben sei. Im Prozess nach Landrecht sei über die vielen Vergehen Heinrichs gegen die Kirche und andere Fürsten und Adlige in Sachsen verhandelt worden. Allerdings habe Heinrich diesem Prozess nicht viel Beachtung geschenkt: Er war nicht erschienen und daher in die Acht gesetzt worden – noch keine Strafe, sondern ein Zwangsmittel. Dieser Prozess hatte aber, nimmt man die Urkunde beim Wort, nicht zur Verurteilung des Löwen und zur Aberkennung der Herzogtümer geführt. Barbarossas Diplom zufolge hatten die Fürsten vielmehr beim Kaiser erneut darüber Klage geführt, dass Heinrich nicht zu den Terminen erschienen sei und weitergemacht habe wie bisher; auch der Kaiser habe sich missachtet gefühlt. Aufgrund dieser neuerlichen Klage und der Missachtung des Kaisers sei Heinrich dann *sub feodali iure*, also «nach Lehnrecht», dreimal vorgeladen worden.

Als er auch dann nicht erschien, hätten ihn die Fürsten schließlich als *contumax* verurteilt. Das könnte ein Fachbegriff des Lehnrechts sein: Als *contumax* wurde derjenige Vasall betrachtet, der seiner Pflicht zu *consilium et auxilium* («Rat und Hilfe») nicht nachkam, also trotz Vorladung nicht am Hof seines Herrn erschien. Das Urteil gegen Heinrich den Löwen hätte damit letztlich ein lehnrechtliches Vergehen sanktioniert: Heinrich hatte Barbarossa als seinen Lehnsherren missachtet, indem er trotz Vorladung beharrlich dessen Hof mied. Auf lehnrechtlicher Basis konnte man Heinrich als unbotmäßigen Vasallen verurteilen und ihm seine Herzogtümer und sämtliche Lehen aberkennen.

Da sich unser Bild von der Geschichte des Lehnswesens in

jüngerer Zeit dramatisch verändert hat, ist 2011 auf einer wissenschaftlichen Tagung auf der Insel Reichenau auch die Diskussion über den Sturz des Löwen und den Ausnahmecharakter der Gelnhäuser Urkunde wieder neu entfacht worden. Ob es schon 1180 derart klar geschiedene Vorstellungen eines landrechtlichen und eines lehnrechtlichen Verfahrens gab, scheint heute durchaus nicht mehr sicher; handfest greifbar wird die Unterscheidung erst im Laufe des 13. Jahrhunderts. Wahrscheinlich, so Jürgen Dendorfer, stützten sich Barbarossa und die fürstlichen Gegner Heinrichs des Löwen auf Vorstellungen, die soeben erst oberitalienische Rechtsgelehrte ausgearbeitet hatten, als sie den Verfahrensgang bei Konflikten über *feuda* zu systematisieren suchten. Heinrich der Löwe, so könnte man diese These zuspitzen, war das prominenteste Opfer jener Juristen, die über die Natur von Lehen nachzudenken begonnen hatten. Man darf gespannt sein, ob sich eine Neubewertung des berühmten Prozesses in der Historikerzunft durchsetzen wird.

Insgesamt kann man aber schon jetzt festhalten: Seit Mitte des 12. Jahrhunderts wird unübersehbar auch im nordalpinen Teil des Reichs mit Lehen und Vasallität experimentiert. Ein mächtiger Antrieb für das neue Interesse an juristischen Auffassungen über *feuda* dürfte Barbarossas Bedürfnis gewesen sein, in Oberitalien militärische Stärke zu demonstrieren; jedenfalls entstanden in diesem Zusammenhang seine Lehnsgesetze von 1154 und 1158. Anders als die ältere Forschung gemeint hat, handelte es sich dabei aber nicht einfach um eine Reichsreform auf lehnrechtlicher Basis. Barbarossa und die Eliten des Reiches nutzten nicht eine schon alte Institution in neuer Weise. Ein eigentliches Lehnrecht begann sich, von Oberitalien ausgehend, überhaupt erst jetzt zu entfalten. Der Kaiser und die Großen nutzten jene Erfahrungen, die sie in Italien mit den sich schärfenden Rechtsvorstellungen über *feuda* gemacht hatten, schon sehr bald für ihre Politik nördlich der Alpen.

Neben den Einflüssen aus Oberitalien wird man künftig vielleicht etwas genauer auch nach Flandern blicken müssen: Flandern lag in unmittelbarer Nachbarschaft zum Reich. Manche Großen des Reichs, wie etwa der Graf von Hennegau oder der

Erzbischof von Köln, unterhielten im letzten Viertel des 12. Jahrhunderts enge, wenn auch nicht immer konfliktfreie Beziehungen zu den Grafen von Flandern. So dürfte nicht nur die oberitalienische Rechtsgelehrsamkeit, sondern auch die flämische Praxis die Entwicklung im Umgang mit Lehen und Vasallität im Reich beeinflusst haben.

5. England

England war anders. Da ist zunächst einmal die Invasion Englands durch den normannischen Herzog Wilhelm im Jahr 1066. Man konnte sie als eine tiefe Zäsur in der Geschichte des Landes interpretieren. Die Forschung zum mittelalterlichen England war deshalb traditionell geteilt: Es gab jene Historiker, die sich für die Phase vor der Eroberung interessierten, und jene, die die Zeit danach betrachteten. Für die Geschichte des Lehnswesens hat das Folgen: Man kann trefflich darüber streiten, ob das englische Lehnswesen ein reiner Import aus der Normandie war – oder eher aus einer Umformung früherer angelsächsischer Praxis heraus entstand.

Die Dokumente, die uns Aufschluss über personale Bindungen und Besitz im hochmittelalterlichen England geben, sehen anders aus als auf dem Kontinent, und sie verwenden zum Teil auch andere Wörter. Ein kontinentales Äquivalent zum berühmten Domesday-Book hat sich nicht erhalten: Das Buch ist eine Art Reichsgrundbuch aus dem Jahr 1086. Es sollte Wilhelm dem Eroberer eine Übersicht darüber verschaffen, welche Leistungen ihm zustanden und welche Güter er selbst ausgegeben hatte, und zwar nicht nur in ihrem genauen Umfang und Wert, sondern auch in ihrer Entwicklung seit der Eroberung 1066. Für ein kontinentales Reich ist ein derart ehrgeiziges Verzeichnis für das 11. Jahrhundert schlechterdings unvorstellbar. In England aber gab es schon seit dem 10. Jahrhundert eine erheblich stärkere Zentralgewalt als in den meisten Regionen Kontinentaleuropas. Die Bürokratisierung königlicher Herrschaft vollzog sich hier Jahrhunderte früher als etwa im Heiligen Römischen Reich.

Die englische nationale Forschungstradition mit ihrer eigenen wissenschaftlichen Terminologie, die Eigenarten der englischen Überlieferung, die Stärke der königlichen Macht, schließlich die besondere Diskussion über Kontinuität und Bruch angesichts der Eroberung von 1066 – all das macht es nicht leicht, die Untersuchungen zu Besitz und personalen Bindungen in England an eine der verschiedenen kontinentalen Forschungsdiskussionen über Lehen und Vasallen anzuschließen. Vergleichende Studien sind deshalb nach wie vor Mangelware. Susan Reynolds hat diese Aufgabe nun noch zusätzlich erschwert: Sie hat in ihrem grundlegenden Buch von 1994 nämlich einen Gutteil der traditionellen Annahmen über das englische Lehnswesen des 11. bis 13. Jahrhunderts in Zweifel gezogen. Die weitere Forschung hat diese Fundamentalkritik zwar keineswegs rundheraus übernommen, aber eine klare herrschende Meinung ist zur Zeit nicht etabliert. An dieser Stelle kann deshalb nur eine holzschnittartige Skizze geboten werden.

Immerhin scheinen die frühen Grundlagen diesseits und jenseits des Kanals nicht ganz und gar unterschiedlich gewesen zu sein. Auch in der angelsächsischen Welt lassen sich schon seit dem 8. Jahrhundert Prekarie-Geschäfte nachweisen: In den altenglischen Texten ist von *læn* (wörtlich: «Leihe») die Rede, ins Lateinische wurde das Wort von Zeitgenossen als *precarium* übertragen. Wie auf dem Kontinent konnten solche Leihen auf Lebenszeit, bisweilen aber auch für mehrere Generationen gewährt werden. Üblicherweise hatte der Beliehene dafür Abgaben zu leisten, sei es in Naturalien, sei es in Geld. Manchmal wurde aber auch Dienst in der kriegerischen Gefolgschaft des Leihegebers vereinbart. All das erinnert an Prekarie-Verträge, wie wir sie im karolingerzeitlichen Frankenreich kennengelernt haben.

Ein Ineinander von Lehen und Vasallität, wie es das wissenschaftliche Modell des Lehnswesens postuliert, hat es aber auch in England vor dem 11. Jahrhundert sicher nicht gegeben. Kriegsdienst wurde zwar auch hier über Patronage und Klientelverhältnisse organisiert, war aber nicht systematisch an die Leihe von Land qua Vertrag gebunden. Stattdessen lasteten offenbar auf allem Land bestimmte Verpflichtungen gegenüber dem König. Dazu gehörte auch die Pflicht, für den Herrscher in den Krieg zu ziehen oder – ersatzweise – eine entsprechende Abgabe zu leisten. Im Übrigen ließ sich König Edmund kurz vor der Mitte des 10. Jahrhunderts einen allgemeinen Untertaneneid schwören, der bis in einzelne Formulierungen den Eiden ähnelte, die karolingische Könige im 9. Jahrhundert von allen Freien gefordert hatten.

Dass sich mit der Eroberung im Jahr 1066 etwas änderte, wird niemand bezweifeln. Umstritten ist, was, wie und wie sehr. Die ältere Forschung hatte den Bruch mit Blick auf Lehen und Vasallität für plötzlich und fundamental gehalten. Sie hatte angenommen, die Normannen hätten aus ihrer Heimat ein hochentwickeltes Lehnswesen auf die Insel mitgebracht. Fortan sei die anglo-normannische Gesellschaft vom Wirkverbund aus Lehen und Vasallität geprägt gewesen, allerdings nur bis zum Ende des 12. Jahrhunderts. Aus dieser Perspektive war das Land in Lehen gegliedert, die allerdings in der englischen wissenschaftlichen Terminologie nicht etwa – wie für den Kontinent – als «fiefs» bezeichnet werden, sondern als «fees» oder «honours». Der König gab Lehen an seine unmittelbaren Vasallen («tenants in chief») aus, die ihrerseits Teile davon weitervergaben an Aftervasallen («subtenants»), zumal an Ritter («knights»), also berittene, schwer gepanzerte Krieger. Die Leihe verpflichtete den Ritter dazu, für seinen Herrn Kriegsdienst zu leisten. Nicht das freie Eigen, nicht ein Staat mit einer vom König kontrollierten Bürokratie, sondern eine Hierarchie von Lehen, die an die persönliche Bindung zwischen einem Herrn und seinem Vasallen gekoppelt waren, hätten demnach der Wirtschaft, Gesellschaft und dem Kriegswesen in England im späteren 11. und im 12. Jahrhundert ihr Gepräge gegeben. Frank Stenton veröffentlichte 1929 eine klassische Studie über das anglo-normannische Lehnswesen im 11. und 12. Jahrhundert. Darin beschrieb er Lehen («honours») bezeichnenderweise als Staat im Staat («a state within a state»).

Von diesem Bild ist mittlerweile nicht mehr allzu viel übrig. Die Normannen, das scheint sicher, konnten 1066 kein perfektes Handbuch-Lehnswesen mit auf die Insel bringen, schlicht und einfach, weil sie es selbst nicht kannten. In der Normandie jedenfalls hat es ein solches Lehnswesen im früheren 11. Jahrhundert nicht gegeben. Auch verzichteten Wilhelm der Eroberer und seine Nachfolger kaum einfach auf jene intensiven Herrschaftsansprüche, die die angelsächsischen Könige bis dahin über ihre Untertanen geltend gemacht hatten. Man wird daher den Zusammenhang von Besitz und personalen Bindungen nicht angemessen verstehen können, solange man nicht den Anspruch des Königs auf Herrschaft über alle Einwohner seines Reiches mitberücksichtigt: Streitfälle zwischen «subtenants» unterschiedlicher Herren etwa sollten vor einem königlichen Amtsträger verhandelt und entschieden werden. Zumindest manchmal appellierten sogar zerstrittene Lehnsnehmer ein und desselben Herrn an ein vom König kontrolliertes Gericht. 1086 ließ sich Wilhelm der Eroberer von allen Landbesitzern in ganz England einen Treueid schwören – unabhängig davon, wer deren Lehnsgeber war.

Außerdem waren jene Güter, die nun in den Quellen häufiger als *feoda* bezeichnet wurden, freiem Eigen weit ähnlicher, als es die ältere Forschung angenommen hatte. Wer ein solches Gut hielt, hatte ziemlich robuste Rechte daran; es konnte ihm nur schwer und unter besonderen Umständen wieder entzogen werden. Der Inhaber eines *feodum* konnte in aller Regel den Anspruch erheben, es an seine näheren Verwandten zu vererben. Und er konnte es weiterverleihen oder an eine Kirche schenken – auch wenn es meist geraten schien, dafür den Konsens des Herrn einzuholen.

Allerdings lasteten auf dem Land, das man von einem Herrn hielt, in der Regel bestimmte Pflichten. Da war zunächst der Kriegsdienst für den Herrn, der immerhin durch eine als «scutage» bezeichnete Zahlung ersetzt werden konnte. Hinzu kam eine Abgabe im Todesfall, die nun nicht mehr – wie in angelsächsischer Zeit – vom sozialen Status des Toten abhängig war, sondern von der Größe seines Besitzes. Anders als auf dem Kontinent hatte der Herr darüber hinaus das Recht auf Vormundschaft über die minderjährigen Kinder seines verstorbenen Lehnsnehmers; und er durfte über die Ehen dieser Kinder wie auch über eine Wiederheirat der Witwe entscheiden. In einer Gesellschaft, in deren Elite eine Ehe für Reichtum und Macht ausschlaggebend werden konnte, waren diese Rechte nicht zu unterschätzen. Sie blieben lange über das Jahr 1200 hinaus bedeutsam.

Wie die Zäsur um 1066 hat daher auch die Zäsur um 1200 durch neuere Forschung an Tiefe und Dramatik verloren. David A. Carpenter hat argumentiert, dass Abgaben (wie «scutage» oder die Abgabe beim Todesfall eines Mannes) sowie das Recht auf Vormundschaft und auf Entscheidung über Ehen noch bis weit ins 13. Jahrhundert hinein die Macht von Magnaten in England wesentlich stärkten. Bezeichnenderweise blieb auch das *homagium* als Ritual lebendig – geradeso wie eine Ideologie, die das Verhältnis von Herrn und Mann durch Treue und Loyalität geprägt wissen wollte. Nur waren Lehen und vasallitische Bindungen in England nie ganz und gar konkurrenzlos, auch nicht im 11. und 12. Jahrhundert. Neben ihnen (und bisweilen auch im Konflikt mit ihnen) existierten nämlich jene soliden und wirksamen Herrschaftsstrukturen, die vom König und seinem Apparat von Amtsträgern ausgingen. Deren Geschichte reicht bis weit vor das Jahr 1066 zurück.

Man wird von dieser Doppelstruktur ausgehen müssen, wenn man die politische, wirtschaftliche und militärische Ordnung Englands im Hochmittelalter verstehen will. Sie ist damit immerhin auch für die franko-amerikanische Debatte über die «mutation féodale» nicht ohne Interesse: Das englische Beispiel zeigt eindrucksvoll, wie Herrschaft, die auf personalen Bindungen und dem Austausch von Land basierte, koexistieren konnte mit einer starken Zentralgewalt des Königs, einer verhältnismäßig ausgeprägten Verwaltungsstruktur und öffentlichen Institutionen. Mit anderen Worten: Eben weil England anders war, macht es deutlich, wie problematisch jene Dichotomien sind, die der These einer «mutation féodale» in Frankreich implizit zugrunde liegen.

6. Ergebnis

Wäre der Umfang dieses Buches nicht aus guten Gründen streng begrenzt, so könnten wir unser Bild von Lehen und Vasallen im 11. und 12. Jahrhundert durch die Reise in weitere Regionen Europas noch bereichern. Wichtig waren feudo-vasallitische Bindungen in den sogenannten Kreuzfahrerstaaten, die sich im Gefolge des ersten Kreuzzugs seit dem Beginn des 12. Jahrhunderts im Nahen Osten ausbildeten. Wichtig waren sie auch in Süditalien, das im 11. Jahrhundert ebenfalls von normannischen Herren erobert wurde. Auch auf das Papsttum und seinen Umgang mit Lehen und Vasallen wäre zu schauen, auf die christlichen Königreiche auf der Iberischen Halbinsel, auf Osteuropa. Unser Bild würde sich durch solche Erweiterungen zwar nicht grundlegend ändern; es würde aber noch bunter und vielgestaltiger, als es ohnehin schon ist.

Und genau hier liegt ein Problem. In vielen Teilen Europas gab es seit dem 11. Jahrhundert Menschen, die anderen Güter zur Nutzung gaben, um von ihnen im Gegenzug Dienste, zumal Kriegsdienst einzufordern. Man kann die Güter als «Lehen», die personale Bindung, die auf ihnen beruhte, als «Vasallität» bezeichnen. Nur ist mit diesen beiden Etiketten noch nicht viel gewonnen: Die beiden Wörter bilden nicht die fließenden Übergänge zu anderen Formen des Besitzes und zu anderen personalen Bindungen ab; und sie werden auch nicht der Vielfalt konkreter Ausprägungen gerecht, die wir in den verschiedenen Regionen Europas beobachtet haben. Der schriftlich fixierte Soldvertrag zwischen einem Burgherrn und einem Krieger in Katalonien war nur allzu weit entfernt vom «Privilegium minus», das Friedrich Barbarossa dem Herzog Heinrich Jasomirgott 1156 gewährte. Und ein oberitalienischer Jurist hätte wahrscheinlich ratlos dreingeschaut, hätte ein englischer *lord* ihm berichtet, dass ein Lehnsherr ein Recht auf Vormundschaft über die Kinder seines verstorbenen Mannes habe.

Immerhin waren die europäischen Eliten mobil. Ihre Chancen, auf Kriegszügen, Gesandtschaften und Reisen von Besitzformen und personalen Bindungen in anderen Teilen Europas zu erfahren, standen im Hochmittelalter nicht schlecht. Das mag die weite Verbreitung von Wörtern wie «*feum*»/«*fevum*»/«*feodum*» oder «*hominium*»/«*homagium*» erklären, die aber – und das ist wichtig – eben keineswegs überall in Europa dasselbe bedeuteten. Ein eigenes Lehnrecht, das einigermaßen deutlich von anderen Rechtskreisen abgegrenzt war, wurde in dieser Zeit gerade erst geschaffen, schriftlich fixiert und strenger systematisiert, zuerst in Oberitalien.

So können wir am Ende dieses dritten Kapitels festhalten: Spätestens seit dem 11. Jahrhundert gab es in etlichen Regionen Europas irgendeine Art von Lehen und Vasallität. Aber das allein besagt noch nicht viel! Ein auch nur annähernd einheitliches europäisches Lehnswesen, das dem eingangs skizzierten, älteren Modell einigermaßen entspräche, existierte gewiss nicht. Wenn wir etwas historisch Konkretes über eine bestimmte Gesellschaft sagen wollen, dann müssen wir deshalb möglichst genau beschreiben, wie die Menschen in der betreffenden Region jeweils mit Gütern und Rechten und den daran gekoppelten personalen Bindungen umgingen.

Die Verschiebung des Geburtstermins von Lehen von der Zeit um 700 in das 11. Jahrhundert hat im Übrigen gewichtige Konsequenzen. Erinnern wir uns: François-Louis Ganshof hatte die ursprüngliche Funktion des Lehnswesens eng an die Gesellschaft gebunden gesehen, in der er die Entstehung von Lehen und Vasallität vermutete. Für die fränkische Kriegergesellschaft war nicht Geld, sondern Land die wichtigste Ressource; eine starke Zentralgewalt fehlte. Angesichts dessen, so Ganshof, diente das Lehnswesen mächtigen Kriegsherrn dazu, mit Hilfe zweiseitiger, zeitlich befristeter Verträge ihre militärische Gefolgschaft zu organisieren. Das Primäre war nicht das Lehen, sondern die Bindung zwischen Herr und Mann.

Der historische Kontext des 11. oder gar des 12. Jahrhunderts sieht anders aus: Erstens war damals in Oberitalien und Flandern die Geldwirtschaft schon erheblich entwickelt. Auch in Katalonien beobachten wir bereits sehr früh, wenn nicht von Anfang an *convenientiae*, die für Kriegsdienste regelmäßige Geldzahlungen vorsehen, also wie Soldverträge daherkommen; und wir sehen, wie Eigengüter aufgekauft werden, die anschließend wieder als Lehen an ihre früheren Besitzer ausgegeben werden. Zweitens können wir das Lehnswesen im 11. Jahrhundert nicht als eine bipolare Beziehung zwischen einem Herrn und seinem Mann begreifen. Denn es war üblich, dass ein Mann mehreren Herren diente. Die Mehrfachvasallität bildete sich also wohl geradezu parallel zum Lehnswesens heraus; ganz sicher war sie in Katalonien von Anfang an normal. Drittens schließlich konnte jemand, der im 11. Jahrhundert ein Lehen hatte, fest damit rechnen, dass auch sein Sohn einen soliden Anspruch auf dieses Lehen haben würde. Folglich war das Lehen das Primäre, die Loyalität zum Herrn leitete sich daraus ab.

Fortgeschrittene Monetarisierung, Mehrfachvasallität, Erblichkeit und Priorität des Lehens: Wahrscheinlich werden wir die Funktion und die Attraktivität von Lehnsgeschäften gerade vor diesem Hintergrund neu erklären müssen. Die historische Forschung beginnt gerade erst, sich dieser Aufgabe zu stellen. Hier können deshalb nur erste Beobachtungen formuliert werden. Dreierlei fällt auf: Die oberitalienischen Juristen sahen *feoda* im Grunde als eine sozial elitäre, vor allem aber als eine besonders sichere Form des Besitzes, weil *feoda* nämlich nur in einem sehr spezifischen Verfahren wieder entzogen werden konnten. Das konnte diese Güter in einer stärker monetarisierten und von Handel lebenden Gesellschaft als Objekt für Investitionen interessant gemacht haben. Zweitens unterlagen *feoda* einem engeren Erbgang als andere Güter, und ihr Besitz blieb ziemlich scharf an die Loyalität zum Herrn gebunden. Die frühen Juristen in Italien, aber auch Barbarossa und sein Hof wollten diese Loyalität sogar noch über die Verpflichtung zwischen Vater und Sohn gestellt wissen. So könnte das entstehende Lehnswesen mit seinen neuen Systematisierungen auch deshalb attraktiv gewesen sein, weil es half, in einer komplexen Welt vieler, zum Teil auch gegenläufiger Verpflichtungen das Geflecht der sozialen Beziehungen etwas klarer zu strukturieren. Drittens und letztens haben wir am Beispiel des «Privilegium minus» gesehen, wie die Zeitgenossen die große Flexibilität, die Lehen auszeichnete, dazu nutzen konnten, Konflikte mit Hilfe von Kompromissen zu beenden. Auch das dürfte Lehen für die Eliten interessant gemacht haben.

4. Lehen und Vasallen in Deutschland vom 13. bis zum 16. Jahrhundert

François-Louis Ganshof war überzeugt: Mit dem 13. Jahrhundert habe das Lehnswesen seinen Zenit überschritten; Lehen und Vasallität hätten danach zwar noch jahrhundertelang bestanden, seien aber bald nur noch altertümelnder Zierat gewesen, nicht mehr die tragenden Säulen der Gesellschaften Europas. Ganshof konnte deshalb am Ende seines Buches die «feudo-vasallitischen Institutionen nach dem 13. Jahrhundert» knapp auf zweieinhalb Seiten im Oktav-Format abhandeln. Ähnlich sah es in den 1930er Jahren der deutsche Rechtshistoriker Heinrich Mitteis, ähnlich sahen es andere Mediävisten, die sich für die Verfassungsgeschichte des Heiligen Römischen Reichs interessierten: Produktiv für die Entwicklung der Verfassung sei das Lehnswesen nur bis in die Zeit um 1200 gewesen. Anschließend, so meinte man, fanden zukunftsweisende Prozesse nicht mehr auf Reichsebene, sondern in den einzelnen Ländern, den sich ausbildenden Territorien statt. Für die entstehende Landesherrschaft aber schien anderes kennzeichnend: Die Herren hätten danach gestrebt, Herrschaftsrechte territorial zu verdichten; ihr Weg zum modernen Staat habe weggeführt von den überkommenen feudo-vasallitischen Bindungen.

An diesem Bild ist in Deutschland schon lange vor Susan Reynolds Kritik geübt worden. Bereits seit den 1950er Jahren fand auch das spätmittelalterliche Lehnswesen des Reiches und seiner Länder ein stärkeres Interesse bei Rechts- und Verfassungshistorikern. Und bald wurde deutlich: Von Verkrustung, Erstarren, Niedergang konnte keine Rede sein! Im Gegenteil, das Lehnswesen des Spätmittelalters und der Frühen Neuzeit erwies sich als quicklebendig und bedeutsam für die Herrschaft, das Militärwesen, die Wirtschaft, die Gesellschaft, und zwar sowohl auf Ebene des Reiches, als auch in den verschiedenen Ländern. Mittlerweile liegt eine ansehnliche Reihe von Studien zum Lehnswesen unterschiedlicher Regionen des Reichs vor, auch wenn noch nicht alle Territorien in gleicher Intensität erforscht sind. Zusammengenommen zeigen diese Arbeiten: Die Landesherrschaft entwickelte sich nicht gegen das Lehnswesen, sondern mit seiner Hilfe. Das Lehnswesen war allerdings auch im Spätmittelalter und in der Frühen Neuzeit im Reich alles andere als ein einheitliches System; es blieb regional differenziert, vielgestaltig, flexibel. Gleichzeitig bildeten sich nun genauere Begriffe für die vielen verschiedenen Formen von Lehen aus. Eine eigene, feiner nuancierende Terminologie entstand.

Die Debatte über die Thesen Susan Reynolds' rückt das spätmittelalterliche Lehnswesen nun noch einmal in ein etwas anderes Licht. Wenn Lehen überhaupt erst seit dem 11. Jahrhundert entstanden, dann wird man nämlich das Spätmittelalter bis ins 16. Jahrhundert hinein sogar als die eigentliche Hochphase des Lehnswesens betrachten dürfen. Die gegenwärtige Forschungsdichte entspricht dieser Neubewertung noch nicht. Die Vielfalt der regionalen Ausprägungen und Funktionen soll hier deshalb vorerst nur am Beispiel des Reiches angedeutet werden. Ein breit angelegter europäischer Vergleich bleibt eine Aufgabe der Zukunft.

1. Die Diskussion über den Leihezwang

Deutsche Historiker interessierten sich für das Lehnswesen des 13. Jahrhunderts zunächst vor allem aus einem Grund: Sie wollten besser verstehen, warum das Reich in seiner Verfassungsgeschichte einen so anderen Weg genommen hatte als Frankreich oder England. Warum hatte sich in Deutschland kein Nationalstaat ausgeprägt? Warum war stattdessen der Flickenteppich des Alten Reichs entstanden, mit seinen unzähligen größeren und kleineren Territorien? Die Fragen waren ein Erbe des 19. Jahrhunderts: In einer Zeit nationaler Sehnsüchte hatte die Suche nach den Ursachen für die «Zersplitterung» und «Kleinstaaterei» in Deutschland Aktualität. Das Problem sollte einen Gutteil der deutschen Mediävistik noch bis weit in das 20. Jahrhundert hinein umtreiben.

Heinrich Mitteis versuchte es zu lösen, indem er das Lehnrecht in Frankreich und Deutschland miteinander verglich. In den 1930er Jahren war dieser Ansatz neu. Denn ebenfalls in einer Tradition des 19. Jahrhunderts war man bis dahin geneigt, Lehen für die Zersetzung von Staaten verantwortlich zu machen. Mitteis vertrat nun gerade die gegenteilige Ansicht: Das Lehnrecht sei prinzipiell durchaus geeignet, die Entwicklung staatlicher Strukturen voranzutreiben und die Zentralgewalt zu stärken. Die verschiedene Entwicklung Frankreichs und des Reichs erklärte Mitteis deshalb mit feinen, aber folgenreichen Abweichungen im jeweiligen Lehnrecht selbst. Entscheidend war aus seiner Sicht der sogenannte Leihezwang. Seine Thesen hierzu sind mittlerweile überholt; sie haben aber ihr Scherflein dazu beigetragen, dass sich die deutsche Forschung dem Lehnswesen des spätmittelalterlichen Reichs zuwandte. Deshalb lohnt es sich, die alte Debatte noch einmal zu resümieren.

Mitteis knüpfte an den Sturz Heinrichs des Löwen in den Jahren 1180/81 an. Im Zuge dessen wurde Heinrichs Machtkomplex ein für allemal zerschlagen. Aber das Kaisertum selbst profitierte davon nicht unmittelbar. Sachsen wurde geteilt, die westliche Hälfte erhielt der Erzbischof Philipp von Köln, die östliche Bernhard von Anhalt; Bayern fiel, nachdem die Steiermark und der Traungau abgetrennt waren, an Otto von Wittelsbach. Warum hatte Barbarossa die heimgefallenen Herzogtümer wieder ausgegeben? Warum hatte er sie nicht einbehalten, um den gewaltigen Güterkomplex dem Reichsgut zuzuschlagen und so die Macht des Kaisertums selbst zu stärken?

Die Frage schien sich aus zwei Gründen aufzudrängen: Erstens hatten Fürsten des Reiches im 12. Jahrhundert oft genug Lehen einbehalten, die ledig geworden waren. Heinrich der Löwe selbst beispielsweise hatte sich dieses Mittels mehr als einmal bedient. Warum also nicht auch der Kaiser? Zweitens blickte Mitteis nach Frankreich: Die französischen Könige nämlich pflegten heimgefallene Lehen ihrer Vasallen nicht wieder auszugeben. Das spektakulärste Beispiel dafür ist der Prozess, den König Philipp II. August im Jahr 1202 gegen seinen englischen Amtsbruder Johann Ohneland anstrebte. Johann war seit 1199 König von England, zugleich aber auch Herzog der Normandie und Herzog von Aquitanien, außerdem Graf von Anjou, Maine und Touraine. Dieser gewaltige Festlandsbesitz galt als Lehen des französischen Königs. So war Johann, obgleich selbst König, zugleich auch Vasall des französischen Herrschers. Im Prozess von 1202 verlor Johann Ohneland nun den größten Teil seines Besitzes auf dem Kontinent. Die Parallele zum Prozess Heinrichs des Löwen schien auf der Hand zu liegen: In beiden Fällen gingen Vasallen des Königs riesiger Lehen verlustig; in beiden Fällen griffen die Könige Klagen ihrer übrigen Vasallen auf; in beiden Fällen erklärte ein Gericht den betreffenden Vasallen für schuldig, seine Pflichten verletzt und damit sein Lehen verwirkt zu haben. In beiden Fällen reichte allerdings das Urteil allein nicht aus, sondern Kriege mussten geführt werden; und in beiden Fällen setzte sich der königliche Lehnsherr schließlich militärisch durch. Umso mehr fällt ein Unterschied ins Auge: Philipp gab die eingezogenen Lehen nicht wieder aus, sondern schlug sie zur Krondomäne. Im Unterschied zu Barbarossa profitierte er also selbst ganz unmittelbar von dem Prozess. Warum diese Differenz?

Der Rechtshistoriker Mitteis glaubte, eine klare Antwort auf die vermeintliche Schicksalsfrage deutscher Geschichte gefunden zu haben: Den Unterschied machte der rechtlich begründete Leihezwang! Nicht in Frankreich, sehr wohl aber in Deutschland sei der Lehnsherr durch das Lehnrecht gezwungen gewesen, ein heimgefallenes Lehen binnen Jahr und Tag wieder neu zu verleihen. Diese Rechtsnorm habe jedoch nur auf Ebene der «Reichslehensverfassung» existiert, nicht dagegen im Lehnrecht der einzelnen Territorien. Ausdrücklich formuliert fand Mitteis die Norm allerdings nicht schon zu Lebzeiten Barbarossas, sondern erst in einem Text des 13. Jahrhunderts, im sogenannten Sachsenspiegel Eikes von Repgow. Der Sachsenspiegel war eines der ältesten Rechtsbücher, verfasst in mittelniederdeutscher Sprache; vielleicht beruhte es aber auf einer älteren, lateinischen Vorlage. Ein solches Rechtsbuch war eine Privatarbeit: Nicht der König erließ es; ein rechtskundiger Mann wie Eike schrieb auf, was er für Recht hielt. Peter Landau hat die plausible These vertreten, dass Eike in der Nähe des Klosters Altzelle (bei Nossen im heutigen Sachsen) gearbeitet habe. Das Werk ist wohl über längere Zeit entstanden, wahrscheinlich zwischen 1220 und 1235.

In seinem Sachsenspiegel hat Eike nun formuliert: «Der keiser liet alle geistlichen vursten len mit dem zeptre, alle wertliche vanlen mit vanen. Kein vanlen muz er ledig haben iar unde tag.» Eike zufolge durfte der König also ein heimgefallenes «vanlen» (ein weltliches Lehen, in das der Mann mit einer Fahne investiert wurde) nicht länger «ledig haben» (unvergeben lassen) als ein Jahr und einen Tag. Aus diesem Satz und einigen weiteren Quellenpassagen leitete Heinrich Mitteis seine Lehre vom Leihezwang ab. Sein Argument lautete: Eike hat im Sachsenspiegel lediglich schriftlich fixiert, was auch schon zwei Generationen früher in Deutschland – und nur hier – als Recht für den König verbindlich gewesen war. So konnten die deutschen Herrscher im Unterschied zu ihren französischen Kollegen nicht vom Lehnswesen profitieren, um ihre Zentralgewalt zu stärken. In den entstehenden Territorien dagegen wirkte das Lehnswesen auch in Deutschland zentripetal: Denn hier konnte ein Lehnsherr heimgefallene Lehen einbehalten. Nicht das Reich, sondern seine Territorien sollten deshalb den Weg zum modernen Staat finden.

Sosehr die Lehre vom Leihezwang zunächst einleuchten mag – sie ist heute widerlegt. Werner Goez hat 1962 gezeigt, dass der König zwar politisch oder aufgrund von gesonderten vertraglichen Vereinbarungen häufig gezwungen war, ein Lehen wieder auszugeben; eine allgemeine Rechtsnorm, die dies vorgeschrieben hätte, gab es aber auch im Reich nicht. Die einschlägige Passage im Sachsenspiegel wollte Goez anders verstanden wissen. Seiner Meinung nach ging es Eike nur um eine Frage von Fristen: Der Rechtskundige wollte nicht sagen, dass ein König oder Kaiser grundsätzlich kein heimgefallenes Fahnlehen einbehalten durfte. Er wollte sagen, dass in denjenigen Fällen, in denen ohnehin – etwa aufgrund von Erbrecht oder einem Vertrag – ein Anspruch auf die Wiederausgabe eines Fahnlehens bestand, dieses Lehen nicht am Sanktnimmerleinstag, sondern binnen Jahr und Tag auszugeben war.

Im Übrigen hielt Goez den Leihezwang aber ohnehin für irrelevant für die Unterschiede in der Verfassungsentwicklung Frankreichs und Deutschlands. Ausschlaggebend schienen ihm zwei andere Punkte: Zum einen gab es in Frankreich im Spätmittelalter so gut wie keinen Flecken Erde mehr, der nicht als Lehen gegolten hätte. Hier konnte der König deshalb den Anspruch erheben, in lehnrechtlicher Hinsicht zugleich der Oberherr über alles Land zu sein. Er konnte deshalb auch das Ziel entwickeln, das Land qua lehnrechtlichem Heimfall wieder in seine Gewalt zu bringen. In Deutschland dagegen, so Goez, waren etliche Ländereien gar keine Lehen, sondern Eigengüter. Das aber bedeutete: Der König konnte gar nicht hoffen, mit Hilfe des Lehnswesens auf das gesamte Land zuzugreifen, um so die Partikulargewalten national einzuhegen.

Zum Zweiten argumentierte Werner Goez mit einem Unterschied in der Verfassung. In Frankreich bestand eine Erbmonarchie, in Deutschland eine Wahlmonarchie. Beides, so Goez, legte der jeweils herrschenden Familie unterschiedliche Strategien nahe: Wer sicher sein kann, dass der eigene Sohn auf dem Thron nachfolgt, der hat keine Hemmungen, heimgefallene Lehen dem Krongut zuzuschlagen – also das Königtum, die Zentralgewalt zu stärken. Die französischen Könige haben dies praktiziert. Wer dagegen damit rechnen muss, dass in der nächsten Generation nicht mehr der eigene Sohn, sondern ein Angehöriger einer anderen Familie auf dem Thron sitzt, der wird bestrebt sein, das Erbe seiner Familie zu mehren. Die Könige in Deutschland, so Goez, haben deshalb nicht das Krongut, sondern das Hausgut ihrer Familien gefördert.

Dass eine Rechtsnorm eines Leihezwangs die Verfassungsunterschiede zwischen Frankreich und dem Reich erklären könne, hat seitdem niemand mehr annehmen wollen. Teile der Goez'schen Argumentation gerieten allerdings bald ihrerseits in die Kritik. Vor allem die Deutung der einschlägigen Passage des Sachsenspiegels ist mittlerweile von Hans-Georg Krause und

Hartmut Leppin widerlegt worden. Karl-Friedrich Krieger hat zudem betont, «dass das spätmittelalterliche Königtum den Lehnsstaat überhaupt nicht überwinden wollte, sondern bestrebt war, das Lehnswesen als bewährtes Herrschaftsprinzip» beizubehalten. Mit anderen Worten: Heinrich Mitteis wie auch noch Werner Goez hatten den Königen und Kaisern ein Interesse für den modernen Staat unterstellt, das sie gar nicht hegten.

Im Übrigen ist Mitteis' Kernthese mittlerweile nicht nur von der Seite des Königtums her, sondern auch vom Lehnswesen der Territorien aus falsifiziert worden. Gerhard Theuerkauf konnte schon 1961 zeigen, dass Mitteis' Annahme in diesem Punkt zu pauschal gewesen war: Zwar kannten in der Tat manche Herren einen Leihezwang ausdrücklich nicht, wie etwa die Erzbischöfe von Köln seit dem 14. Jahrhundert oder der Herzog von Berg im 16. Jahrhundert. Doch es gab andere Territorien, in denen ein Leihezwang sehr wohl rechtlich festgeschrieben war – so zum Beispiel spätestens seit dem 15. Jahrhundert im Hochstift Münster. Weitere Regionalstudien haben diese Differenzen bestätigt. Auch in Pommern, Braunschweig-Lüneburg und Mecklenburg dürfte im Spätmittelalter eine Rechtsnorm gegolten haben, der zufolge heimgefallene Lehen wieder auszugeben waren.

Zuletzt hat Hanna Vollrath das Problem, das Mitteis ehedem umgetrieben hatte, bezeichnenderweise ganz anders zu lösen versucht. Sie hat betont, dass eine einzelne lehnrechtliche Norm nicht ausreiche, um derart tiefe Unterschiede in der Geschichte Deutschlands und Frankreichs zu erklären. Stattdessen müsse man die jeweiligen Ordnungen und das Wissen der Zeitgenossen über sie mit einbeziehen. Zwei Beobachtungen helfen dann, den je eigenen Umgang mit heimgefallenen Lehen zu begreifen: Erstens waren im Westen um 1200 bereits in viel höherem Maße wirtschafts- und finanzpolitische Instrumentarien und ein Bewusstsein für deren Bedeutung entwickelt als im Osten. Friedrich Barbarossa dürfte kaum eine präzise Vorstellung von seinen Einnahmen und Ausgaben besessen haben. So muss es ihm von vornherein wenig attraktiv erschienen sein, ein großes heimgefallenes Lehen einzubehalten: Wie hätte er es verwalten können, wenn eine solche Verwaltung im Grunde noch gar nicht existierte?

Zweitens unterschieden sich Frankreich und Deutschland durch das jeweilige Verhältnis zwischen Fürsten und König. In Deutschland wählten die Fürsten den König; er war für sie von Bedeutung. In Frankreich kümmerte es die Fürsten dagegen zunächst gar nicht sonderlich, wer König war – weil der Herrscher machtpolitisch bestenfalls auf Augenhöhe mit ihnen stand; hinzu kam, dass einer der Vasallen des französischen Königs selbst ein König war. Im Laufe des 12. Jahrhunderts nun, so Vollrath, systematisierten sich die Vorstellungen vom Lehnswesen, man dachte zunehmend hierarchisch. So musste der französische König am Ende seine eigene Situation als merkwürdig, als nicht ordnungsgemäß und veränderungsbedürftig betrachten. Das erklärt sein Streben, sich möglichst seines königlichen Vasallen zu entledigen und sich in der Hierarchie sichtlich über seine übrigen Vasallen zu erheben. Die höher entwickelte Wirtschafts- und Finanzverwaltung erlaubte es ihm, Lehen einzuziehen und der Krondomäne zuzuschlagen.

Die gesamte Diskussion über den Leihezwang war mithin letztlich noch der nationalen Sehnsucht des 19. Jahrhunderts verpflichtet. Nur wer den Nationalstaat als Gipfel der historischen Entwicklung betrachtet, wird danach fragen, warum Barbarossa den Sturz des Löwen 1180 nicht dazu genutzt habe, die Zentralgewalt zu stärken und sich gegen fürstliche Interessen durchzusetzen. Wer dagegen den Nationalstaat nicht als Ziel der Geschichte sieht, der wird Barbarossas Handeln weder verwunderlich noch tragisch finden, sondern plausibel und den Vorstellungen und politischen Strukturen seiner Zeit entsprechend.

So sind Mitteis' große Studien zum Lehnrecht mittlerweile im Kern widerlegt. Für die Geschichte der Erforschung von Lehen und Vasallität waren sie dennoch bedeutend: Erst sie haben einen starken Impuls gegeben, das Lehnswesens im spätmittelalterlichen Reich genauer zu untersuchen. Im Zuge dessen haben Historiker die Lebendigkeit, die Dynamik im Umgang mit Lehen und Vasallität, aber auch die Vielfalt der Formen in dieser späteren Zeit erkannt. Der unterschiedliche Umgang mit dem Leihezwang in den einzelnen Territorien ist hierfür nur ein Beispiel unter vielen.

Um zumindest einen Eindruck von der Vitalität und Varietät des Lehnswesens im Reich des Spätmittelalters zu vermitteln, wähle ich drei verschiedene Wege: Zunächst stelle ich jene neuen Arten von Dokumenten vor, die im Lehnswesen im Reich seit dem 13. Jahrhundert genutzt wurden. In ihrer hohen Zahl und ihrer formalen Mannigfaltigkeit belegen schon sie die weite Verbreitung und Lebendigkeit der Verbindung von Lehen und Vasallität. Anschließend zeichne ich nach, wie sich eine eigene, immer feiner nuancierte Terminologie entfaltete. Vor diesem Hintergrund bleibt dann schließlich noch darzulegen, welche verschiedenen Funktionen das sich ausdifferenzierende Lehnswesen im spätmittelalterlichen Reich erfüllen konnte.

2. Neue Praktiken – neue Dokumente

Im Laufe des 13. Jahrhunderts wird es auch im Reich üblich, in Fragen von Lehen und Vasallität mit Feder, Tinte und Pergament zu hantieren. Dem rückblickenden Historiker erlaubt das tiefere Einsichten in die feudo-vasallitischen Institutionen, die vorher – jedenfalls in Deutschland – vom gesprochenen Wort, von der Geste, dem Ritual dominiert gewesen waren. Zugleich wird man in der Zunahme von Dokumenten neuen Typs aber auch einen Wandel in der Lehnspraxis selbst sehen müssen. In den Jahren um 1200 wird nicht einfach nur besser sichtbar, was auch vorher schon praktiziert worden war. Die Schrift veränderte den Umgang mit Lehen und Vasallen selbst.

Ein erster neuer Typus von Dokumenten ist bereits erwähnt worden: das Rechtsbuch. Texte wie der Sachsenspiegel Eikes von Repgow handelten, die Gewohnheiten systematisierend, das Land- und Lehnrecht ab. Dergleichen hatte es in den nordalpinen Teilen des Reichs bis dato nicht gegeben. Im Spätmittelalter fanden diese neuen Rechtsbücher bald weite Verbreitung. Neben dem Sachsenspiegel wurden seit dem letzten Viertel des 13. Jahrhunderts der Deutschenspiegel und der daraus schöpfende Schwabenspiegel wichtig. Damit lagen nun Referenzwerke vor, die man im Streitfall zum Argument machen konnte.

Allerdings darf man sich die Texte in ihrer Funktion nicht wie moderne Gesetze vorstellen. Die Forschung hat mittlerweile gezeigt, wie sehr die Rechtspraxis von den Normen der Spiegel abweichen konnte. Ein treffliches Beispiel dafür ist die Frage, ob Frauen Lehen haben und vergeben konnten. Der Sachsenspiegel verneint das: «Phaffen, wip, dorfer, koulute unde alle, de rechtes darben oder unelich geboren sind [...], de sollen lenrechtes darben.» Wie Geistliche, Bauern, Kaufleute, unehelich Geborene sollten nach Eikes Meinung also auch Frauen («wip») keine Lehen haben dürfen. Die Rechtspraxis aber sah im Spätmittelalter vielerorts anders aus: Etliche Frauen hatten Lehen inne oder gaben sie aus, und zwar ohne dass das von ihren Zeitgenossen als Rechtsbruch betrachtet worden wäre. Auch wenn die Vorschriften in den Rechtsbüchern also keine Gesetze im modernen Sinne waren, fanden die Spiegel doch als Referenzwerke weite Verbreitung. Sie boten einigermaßen stabile und räumlich übergreifende Standards im Umgang mit Lehen, wie es sie vorher im Reich nicht gegeben hatte.

Im Laufe des 13. Jahrhunderts wurde es zudem vielerorts üblich, die Vergabe von Lehen schriftlich zu dokumentieren. Dadurch entstanden weitere neuartige Dokumente, die Historikern Aufschluss über das Lehnswesen geben. Vor allem drei eng miteinander zusammenhängende Typen sind wichtig: das Lehnbuch, der Lehnbrief und der Lehnrevers.

Erste Verzeichnisse von Lehen und Vasallen sind aus dem Reich bereits aus der zweiten Hälfte des 12. Jahrhunderts überliefert. Das früheste Beispiel ist der sogenannte Codex Falkensteinensis. Graf Siboto IV. von Neuburg-Falkenstein hatte ihn anlegen lassen, bevor er im Sommer 1166 in Barbarossas Heer nach Italien zog. Das war ein lebensgefährliches Unternehmen, und so mochte es für Siboto naheliegen, für seine Kinder aufzuzeichnen, über welchen Besitz er verfügte. Tatsächlich ist der Codex Falkensteinensis deshalb auch kein Lehnbuch im engeren Sinne: Er verzeichnet zwar 20 Lehnsgeber und die Lehen, die Siboto von ihnen hatte. Daneben aber hält das Buch auch etliche andere Herrschaftsrechte und Besitztümer des Grafen fest, und es ist zudem mit einer Reihe von Miniaturen geschmückt. Es ging also um mehr als nur um eine nüchterne Aufzeichnung zur Verwaltung der eigenen Lehen. Es ging ums Prestige: Das Buch führte dem Betrachter den Grafen Siboto in seinem Reichtum und seinem Rang als Mitglied der politischen Elite des Reiches vor Augen.

Ähnlich sind auch die übrigen frühen Aufzeichnungen von Lehen und Vasallen jeweils aus einem konkreten Anlass und zu besonderen Zwecken entstanden. Berühmt ist das Verzeichnis, das der Reichsministeriale Werner von Bolanden 1189/90 anlegen ließ: Es listet 45 Lehnsherren und rund 100 Vasallen mit ihren Lehen auf. Auch dieses Verzeichnis aber stand wohl schon ursprünglich zusammen mit anderen Aufzeichnungen, die Besitz und Rechte Werners betrafen. Einen spezifischen Zweck sollte auch das Verzeichnis erfüllen, das der Erzbischof Konrad von Mainz niederschreiben ließ, nachdem er 1183 aus dem Exil in sein Erzbistum zurückgekehrt war: Konrad hielt fest, welche Güter sein Gegner, Christian von Buch, in seiner Zeit als Erzbischof bis 1183 der Kirche von Mainz entfremdet hatte – unter anderem, indem er sie als Lehen ausgegeben hatte. Mit seiner Zusammenstellung legte Konrad Rechenschaft ab über seine eigenen Ausgaben im Dienste seiner Kirche. Insgesamt hatte er die gewaltige Summe von 4213 Mark Silber investiert, um entfremdete Güter zurückzuerwerben. Zugleich demonstrierte Konrad damit sein hohes Engagement für das materielle Wohlergehen des ihm anvertrauten Erzbistums.

Aus solchen frühen Lehnsverzeichnissen heraus entwickelte sich seit den 1220er Jahren die Praxis, eigene Bücher anzulegen, die Lehen und Vasallen auflisteten. Aus dem gesamten 13. Jahrhundert sind für das Reich allerdings bisher nicht mehr als 20 solcher Lehnbücher bekannt geworden. Erst im 14. und 15. Jahrhundert wurde die Anlage allgemein üblich. In der Regel begann man ein Lehnbuch nach einem Herrenfall: Wenn der neue Herr ins Amt kam, mussten seine Vasallen ihre Lehen binnen Jahr und Tag «muten» (das heißt bestätigen lassen) – sei es gesammelt auf einem großen Lehntag, sei es einzeln im Laufe der Anfangsphase der Herrschaft. Aus der Sicht des Herrn mag es nahegelegen haben, bei dieser Gelegenheit die Lehen und Vasallen möglichst systematisch zu dokumentieren. Die Lehnbücher folgten dabei im Einzelnen unterschiedlichen Ordnungsprinzipien: Manche verzeichneten die Lehen nach einem regionalen Prinzip; andere orientierten sich stattdessen an der Rangfolge der Vasallen und vermochten so den Rang des Lehnsherrn und die Bedeutung seines Lehnshofes anschaulich zu machen. Die symbolische Dimension des Lehnsverzeichnisses ging also auch in dieser späteren Zeit keineswegs verloren: Das Lehnbuch, das der Kurfürst Friedrich I. von der Pfalz 1471 anlegen ließ, war ein illuminierter Prachtcodex; er machte mit den Wappen der Vasallen die Bedeutung und den Rang der Pfalzgrafen sichtbar. Zugleich wurde das Buch selbst im Ritual verwendet: Die Vasallen des Pfalzgrafen hatten ihren Lehnseid darauf zu schwören.

Im 15. Jahrhundert wurden Lehnbücher vielerorts zu regelrechten Lehnregistern weiterentwickelt. Sie verzeichneten nicht mehr nur das jeweilige Lehen und den Lehnsnehmer, sondern hielten auch fest, wann ein Vasall jeweils sein Lehen erhalten hatte. In ihrer reichsten Form nahmen die Register die gesamte Belehnungsurkunde, den sogenannten Lehnbrief mit auf.

Der Lehnbrief war im Reich ebenfalls ein typisches Rechtsdokument erst des späteren Mittelalters. Es handelte sich dabei um eine Urkunde, die der Lehnsherr seinem Vasallen ausstellte. Sie dokumentierte, mit welchen Gütern der Vasall belehnt worden war und welche Pflichten sich daraus ergaben (die allerdings im Reich nur selten näher spezifiziert wurden). Außerdem konnten hier besondere Vereinbarungen festgehalten werden – etwa über die Möglichkeit, das betreffende Lehen an Töchter oder verschiedene Seitenverwandte zu vererben. Erste Urkunden solcher Art sind für das Reich aus dem 12. Jahrhundert überliefert. Erst im Spätmittelalter aber wurden sie üblich. Rechtlich blieben sie zunächst noch sekundär zum Belehnungsakt, der weiterhin in Mündlichkeit und Ritual lebte. Schließlich aber wurde die Urkunde selbst zum rechtsverbindlichen Vertrag zwischen dem Herrn und seinem Vasallen. Gewissermaßen das

Gegenstück zum Lehnbrief bildete dabei der sogenannte Lehnrevers. Das war eine Urkunde, die der Lehnsnehmer für den Lehnsgeber ausstellte. Mit ihr dokumentierte der Vasall, dass er seine Lehen empfangen hatte; und er versprach, die Pflichten zu erfüllen, die ihm daraus erwuchsen.

Im Reich des Spätmittelalters und der Frühen Neuzeit sind Lehnbriefe und -reverse zu Abertausenden ausgestellt worden. Sie waren die Dokumente, die nun typischerweise bei jedem Herren- und Mannfall ausgetauscht wurden. Die Ausgabe der Lehnbriefe war dabei übrigens nicht zuletzt auch eine Einnahmequelle für den Herrn: Denn dessen Kanzlei berechnete dafür in der Regel Gebühren, die sogenannte Lehnstaxe, die der Vasall zu zahlen hatte. Außerdem konnte noch eine Vergütung für die Amtsträger und die übrigen Lehnsleute anfallen, die bei der Belehnung mitgewirkt hatten. Und schließlich war zumindest in manchen Regionen des Reiches darüber hinaus auch noch eine eigene Abgabe für die Belehnung an sich fällig, eine Lehnsware. In Münster beispielsweise hieß diese letzte Gebühr «Heergewäte» («Gewäte» heißt «Gewand», «Kleidung», auch «Rüstung»); die Lehnstaxe für die Beurkundung wurde hier als «Unrat» bezeichnet. Die Höhe der Gebühren schwankte: Für die Heergewäte waren im Hochstift Münster in der Regel eine bis fünf Mark zu zahlen, für die Ausstellung des Lehnbriefs wurden üblicherweise etwa 9 Schillinge berechnet, bisweilen aber auch etwas weniger oder mehr. Die Summen waren nicht gewaltig: Im 16. Jahrhundert hatte der Bischof von Münster rund 300 Lehnsleute; insgesamt konnten demnach durch die Heergewäte bei einem Herrenfall Einnahmen erzielt werden, die wohl noch unter 1500 Goldgulden lagen. Große Sprünge ließen sich damit nicht machen, aber immerhin: Manchem klammen Herrn mochte auch dieses Sümmchen unverzichtbar scheinen.

3. Neue Praktiken – neue Wörter

Die Lebendigkeit und Varietät des Lehnswesens spiegelt sich nicht nur in neuen Typen von Dokumenten wider, sondern auch darin, dass die Zeitgenossen neue Wörter für spezielle Formen prägten. Im Spätmittelalter bildete sich allmählich eine immer feiner nuancierte Terminologie aus, die an Vielfalt und Differenziertheit weit über das hinausging, was bis zum früheren 12. Jahrhundert in den Quellen fassbar ist.

Ein Wort, das gerade populäre Vorstellungen vom mittelalterlichen Lehnswesen in hohem Maße geprägt hat, lautet *Heerschild*. Was damit gemeint ist, versteht man am besten, wenn man auf die lange Geschichte des Wortes blickt: In Rechtstexten der Langobarden wird das Wort schon im 8. Jahrhundert gebraucht, wenn auch in seiner älteren Form *arischild* (das heißt «Kriegerschild»). Es konnte schon damals im übertragenen Sinne eine bewaffnete Schar, ein Heer oder einen Kriegszug bezeichnen. Nun wurde die Heerfolge des Lehnsnehmers üblich. In diesem Kontext bezeichnete das Wort «Heerschild» deshalb seit dem 12. Jahrhundert zusätzlich auch die Lehnsfähigkeit: Man konnte zum Beispiel sagen, eine Person sei «zum Heerschild geboren»; man konnte jemandem den «Heerschild geben», ihm also die Lehnsfähigkeit verleihen; man konnte fürchten, den «Heerschild zu verlieren». Von dieser Bedeutung aus war es dann nur noch ein Katzensprung hin zu dem, was Eike in seinem Sachsenspiegel und die übrigen Spiegler des Spätmittelalters unter dem Wort verstanden: eine relative Rangstufe innerhalb des Lehnswesens.

So unterschied Eike sechs oder sieben Heerschilde. Den ersten hatte der König, den zweiten die geistlichen Fürsten, den dritten die Laienfürsten, den vierten die «freien Herren», das heißt nichtfürstliche Adlige. Den fünften Heerschild hatten die schöffenbaren Freien (die im Gericht fungieren konnten) und die Mannen der freien Herrn; deren Lehnsleute wiederum hatten den sechsten Heerschild. Etwas unklar bleibt im Sachsenspiegel, ob Eike darüber hinaus noch mit einem siebenten Heerschild rechnete und welche Personen ihn dann seiner Meinung nach hatten. Der Schwabenspiegel ging davon aus, den siebenten Heerschild habe «ein ieglich man, der niht eigen ist un ein êkint ist», also jeder ehelich geborene Freie.

Diese Lehre vom Heerschild ist verantwortlich für all die bunten Lehnspyramiden, die immer noch Schulbücher und populäre Darstellungen des mittelalterlichen Lehnswesens zieren. Die Form der Visualisierung führt allerdings gleich in dreierlei Hinsicht in die Irre: Erstens könnte der Eindruck entstehen, das Lehnswesen sei schon von Anbeginn an durch die Heerschildordnung geprägt gewesen; sie ist aber ein Ordnungsversuch erst des 13. Jahrhunderts. Zweitens gilt auch hier, was schon grundsätzlich zum normativen Charakter der Rechtsbücher zu sagen war: Sie bilden zwar Standards ab, die oft eingehalten wurden; in der Praxis aber gab es doch auch in dieser Frage Ausnahmen. Die Pfalzgrafen bei Rhein beispielsweise konnten in ihrem Lehnbuch von 1401 einen anderen Fürsten als ihren Vasallen aufführen: den Herzog Wilhelm von Jülich. An sich war das nach der Heerschildordnung nicht möglich, ohne dass der Herzog damit seinen Rang gemindert hätte. Das war aber offenbar nicht der Fall – wohl auch deshalb, weil die Lehnsbindung viel älter war als die Erhebung der Jülicher zu Markgrafen (1336) und Herzögen (1356), mithin in den Fürstenrang. Die Zahl vergleichbarer Fälle ließe sich erhöhen.

Wichtiger ist aber der dritte Punkt: Die Darstellung als Lehnspyramide erweckt den Anschein, als seien die niedrigeren Heerschilde vom König abgetrennt, als gäbe es also jeweils nur Lehnsbeziehungen zwischen zwei benachbarten Heerschilden, etwa zwischen dem König und den geistlichen Fürsten, nicht aber zwischen dem König und dem dritten oder gar den tieferen Heerschilden. Das war aber mitnichten der Fall! Tatsächlich definierte die Heerschildordnung nach Auffassung der Rechtsbücher nämlich jeweils nur, von wem ein Mann Lehen empfangen konnte, ohne seinen eigenen Heerschild zu erniedrigen. Sie regelte dagegen nicht, wem ein Herr Lehen geben konnte. Ein weltlicher Reichsfürst etwa durfte Lehen nur vom König und von geistlichen Reichsfürsten empfangen, wollte er sich nicht der Gefahr aussetzen, seinen Rang zu mindern. Er konnte aber selbst Lehen ohne Weiteres nicht nur jenen Adligen geben, die den vierten Heerschild hatten, sondern auch an schöffenbare Freie oder deren Lehnsleute.

Tatsächlich verliehen die Könige auch und gerade im Spätmittelalter Lehen durchaus nicht nur an Adlige. Seit der Mitte des 14. Jahrhunderts beispielsweise begannen die Könige aktiv und gezielt, auch Bürger in den Reichsstädten mit Lehen auszustatten und sich so als Kronvasallen zu verpflichten. Nutznießer dieser Politik waren nicht allein die Angehörigen des Patriziats, sondern auch zahlreiche Handwerker und Familien, die nicht ratsfähig waren. Im Laufe des 15. Jahrhunderts wurden Bürger sogar zur zweitgrößten Gruppe unter den Kronvasallen. Auf diese Weise etablierten die Könige Beziehungen zur Elite innerhalb von Reichsstädten und gewannen kapitalstarke Finanziers, Gastgeber, Vertraute und Diplomaten. Die belehnten Bürger wiederum profitierten vom Sozialprestige, das sie als Kronvasallen genossen. Es ist übrigens sogar damit zu rechnen, dass einzelne Bauern Reichslehen innehatten, auch wenn ihre Zahl insgesamt verschwindend gering blieb.

Das Lehnswesen trug demnach keineswegs dazu bei, dass der nichtfürstliche Adel, die übrigen Herrschaftsträger und die Bürger vom Königtum abgeschnürt wurden, wie es noch Heinrich Mitteis angenommen hatte. Ganz im Gegenteil: Karl-Friedrich Krieger hat nachgewiesen, wie intensiv und erfolgreich manche Könige des Spätmittelalters eine «Vasallitätspolitik» betrieben, um sich unterschiedliche Personen und Gruppen im Reich zu verpflichten. Schon hier erweist sich das Lehnswesen allerdings als hochflexible Institution, die weit über den Heeresdienst hinausgreifen konnte: Um persönlich für den König in den Krieg zu ziehen, waren Bürger Nürnbergs, Ulms oder Basels wenig tauglich; umso nützlicher waren sie, wenn es galt, den Krieg zu finanzieren. Mit Lehen ließ sich auch das erreichen.

So blieb denn der König auch nicht der Einzige, der Bürger zu Vasallen machte. Am Ende des Mittelalters waren beispielsweise etwa ein Drittel der Lehnsleute des Würzburger Bischofs Bürger oder Bauern. Vom 14. bis zum 16. Jahrhundert lassen sich allein in der Stadt Schwäbisch Gmünd 35 Familien nachweisen, die Lehen benachbarter Herren hielten, zumal vom Kloster Ellwangen und den Herren von Rechberg, aber auch von den Grafen von Württemberg, den Grafen von Helfenstein und anderen mehr.

Die Flexibilität im Umgang mit Lehen spiegelt sich nun nicht zuletzt in einer zunehmend feiner differenzierenden Terminologie wider. Es gab im Spätmittelalter keineswegs einfach nur Lehen. Es gab: Mannlehen, Weiberlehen und rechte Lehen, Fahnlehen und Handlehen, Erblehen und Pfandlehen, Burglehen, Beutellehen und Zinslehen, Rentenlehen und Freilehen – und etliche andere mehr. Einzelne Wörter konnten dabei nicht nur im Laufe der Zeit ihre Bedeutung verändern, sondern auch in verschiedenen Regionen des Reiches zur selben Zeit jeweils mehr oder minder unterschiedliche Phänomene bezeichnen. Das macht es nicht leicht, einen Überblick zu geben. Dennoch müssen wir uns zumindest einige Formen in ihren typischen Eigenarten kurz ansehen. Nur dann nämlich wird die enorme Spannbreite an wirtschaftlichen und sozialen Beziehungen sichtbar, die das Lehnswesen zu integrieren vermochte.

Beginnen wir mit den *Mannlehen*. Damit bezeichneten die Zeitgenossen ursprünglich jede Leihe, die mit der Mannschaft, also der Vasallität verbunden war – in unserer Terminologie demnach Lehen in Abgrenzung zu anderen Formen von Leihen, aber auch zu jenen Gütern, mit denen Ministerialen für ihren Dienst ausgestattet wurden. Im Laufe des Spätmittelalters veränderte sich allerdings die Bedeutung des Wortes, eben weil die Lehnsterminologie insgesamt feinteiliger wurde. Das Mannlehen konnte nun unterschieden werden von Erblehen oder Weiberlehen. Das beruhte wahrscheinlich schlicht auf einem Missverständnis: Die erste Silbe des Wortes bezog man nun nicht mehr auf den Lehnsmann an sich, der seinem Herrn Mannschaft geleistet hatte, sondern auf einen Menschen männlichen Geschlechts. Deshalb verstand man unter Mannlehen solche Lehen, die einem bestimmten Erbgang unterlagen, nämlich nur in männlicher Linie, an die Söhne und Enkel, vererbt werden konnten.

Weiberlehen waren dagegen solche Lehen, die eine Frau innehatte oder doch zumindest innehaben konnte. Dem wissenschaftlichen Modell des Lehnswesens, aber auch schon den Feudisten des Spätmittelalters und der Frühen Neuzeit bereiteten Weiberlehen Schwierigkeiten: Denn Frauen galten als unfähig, Waffen zu tragen, und als ungeeignet für die Teilnahme an der

Beratung des Lehnsherrn. Sie konnten deshalb aus Sicht der Zeitgenossen eigentlich gar nicht lehnsfähig sein. In der Praxis waren Weiberlehen dennoch vielerorts üblich: Zum einen gab es Äbtissinnen, die Lehen nahmen und ausgaben. Zum anderen entstanden Weiberlehen aber oft auch durch Erbfolge, bisweilen nur subsidiär, weil kein männlicher Nachfahre vorhanden war, bisweilen aber auch unmittelbar, etwa aufgrund einer besonderen Regelung bei der Aufnahme einer Lehnsbindung. Die Lehnsnehmerin musste dann in der Praxis schlicht das tun, was auch ihren männlichen Lehnsgenossen offenstand: Sie musste eine andere Person als Ersatz bevollmächtigen, die Dienste zu leisten.

Dass zahlreiche Bürger im Spätmittelalter Lehen innehatten, haben wir schon gesehen. In den Rechtsauffassungen der Zeitgenossen des Spätmittelalters und der Frühen Neuzeit kann man bei solchen *Bürgerlehen* regionale Unterschiede beobachten: In Nord- und Ostdeutschland, dort wo der Sachsenspiegel vor allem verbreitet war, galten Bürger in ihrer Vasallität nicht als gleichgestellt mit Adligen. So konnte ein Erbe bei einem Mannfall vielerorts keinen Rechtsanspruch auf Wiederbelehnung geltend machen, sondern blieb hierfür auf die Gnade des Herrn angewiesen. Diese Gnade musste er zudem erkaufen: Er hatte seinem Herrn eine Lehnsware in besonderer Höhe zu zahlen. Häufig belief sie sich auf einen Jahresertrag des betreffenden Lehens. Im Süden und Westen des Reiches dagegen galten bürgerliche Vasallen meist als den adligen lehnrechtlich gleichgestellt.

Eine wieder andere Form waren die sogenannten *Burglehen*. Burgen bildeten im Spätmittelalter wichtige Herrschaftsmittelpunkte. Ihre Besatzung konnte mit Hilfe von Lehen sichergestellt werden. Dazu vergab der Herr ein Lehen als Ausstattung an einen Burgmann, verbunden mit der Pflicht, auf der Burg zu wohnen und sie militärisch zu sichern. Nicht selten verpflichtete der Lehnsherr den Burgmann außerdem dazu, ihm bei Bedarf die Burg zu öffnen. In der Regel waren für eine Burg mehrere Burgmannen als Besatzung notwendig. Es lässt sich beobachten, dass einzelne Burgmannschaften im Laufe der Zeit ihre eigenen Rechtsgewohnheiten im Umgang mit Lehen ausbildeten, der folglich sogar von Burg zu Burg differieren konnte.

Als Burglehen, aber auch für andere Lehnsgeschäfte, wurden seit dem 12. Jahrhundert auch nördlich der Alpen immer häufiger nicht etwa Land oder Rechte zur Nutzung verliehen, sondern Renten. Sie wurden meist in Geld, manchmal auch in Naturalien ausgezahlt. Im Prinzip sahen solche *Rentenlehen* folgendermaßen aus: Die beiden Partner verständigten sich auf eine Rente, die der Herr jährlich dem Vasallen zu zahlen hatte; als Grundlage für die regelmäßigen Einkünfte, die dafür notwendig waren, konnte eigens zum Beispiel ein Zoll oder eine Steuer ausgewiesen werden. Die Rente verpflichtete zum Dienst für den Herrn. Rentenlehen sehen deshalb der Sache nach erst einmal einem Sold (für den Militärdienst, zumal bei Burglehen) oder einem Gehalt (für andere Dienste) sehr ähnlich. Entscheidend ist aber, dass die Rentenlehen als Lehen betrachtet wurden – und mithin den Normen des jeweiligen Lehnrechts unterlagen. Das war wichtig: Denn davon hing zum Beispiel ab, welches Gericht im Streitfall zuständig war und wie die Renten vererbt werden konnten.

Der Bezug zum Lehnswesen wird in vielen dieser Geschäfte übrigens noch in einer anderen Hinsicht deutlich. Oft setzten die Partner nämlich fest, dass der Herr die jährliche Rente durch eine einmalige Sonderzahlung ein für alle Mal ablösen könne – meist durch eine Zahlung in zehnfacher Höhe des Jahresbetrags. Damit sollte das Lehnsverhältnis selbst jedoch nicht beendet werden. Deshalb wurde zusätzlich vereinbart, dass der Lehnsmann entweder mit der Ablösesumme Eigengut erwerben und dann dem Herrn zu Lehen auftragen werde – oder dem Herrn gleich von seinem Eigengut so viel zu Lehen auftrug, dass daraus ein Jahresertrag in Höhe eines Zehntels der Ablösesumme erzielt werden konnte. Der Lehnsmann hatte damit weiterhin Einkünfte in derselben Höhe wie zuvor. Der Lehnsherr aber hatte gewissermaßen ein Eigengut seines Mannes aufgekauft, um es ihm sofort danach wieder zu Lehen zu geben. Der Vorteil liegt auf der Hand: Der Herr musste für solche Geschäfte zwar einen Teil seiner regelmäßigen Einkünfte investieren. Er musste aber nicht die Einkunftsquelle selbst – seien es nun Ländereien oder Herrschaftsrechte – aus der Hand geben. Das verringerte die Gefahr der Entfremdung oder Minderung von Gütern und Rechten in einer Zeit, in der viele Herren bestrebt waren, möglichst viele Liegenschaften und Herrschaftsrechte in einem bestimmten Raum zu sammeln.

Verwandt hiermit waren die sogenannten *Pfandlehen*. Wenn ein Herr Schulden hatte, dann konnte er seinem Gläubiger als Pfand für diese Schulden etwas von seinem Eigentum zu Lehen geben – so lange, bis er seine Schuld selbst zurückzahlen würde. Das hatte für den Schuldner gewisse Vorteile gegenüber einem normalen Pfand, denn es schränkte die Verfügungsgewalt des Gläubigers über das Pfand ein, das ja nur zu Lehen vergeben war. Doch auch der Gläubiger konnte von einem solchen Geschäft profitieren: Er hatte auf diese Weise eine Lehnsbeziehung zu einem Herrn aufgebaut, die ihm Prestige, aber auch handfesten Schutz und Beistand eintragen konnte. Je nach Wert des Pfandlehens konnte die dauerhafte Nutzung außerdem mehr einbringen als eine einfache Rückzahlung der Schulden. Anders formuliert: Pfandlehen konnten in der Sache einer Zahlung von Zinsen für Schulden gleichkommen.

Die Liste der Typen von Lehen ließe sich noch lange fortschreiben, zumal wenn man regionale Sonderformen mit einbezieht. Da wären etwa die *Beutellehen*, die in Bayern und Österreich seit dem späten 13. Jahrhundert bezeugt sind. Sie waren zwar Lehen, aber dennoch nicht mit einem Dienst im Heer oder in den Beratungen des Herrn verknüpft. Stattdessen musste beim Herren- oder Mannfall in den «Beutel» des Herrn eine besonders hohe Lehnsware gezahlt werden. Bei *Zinslehen* wiederum wurden die Dienstpflichten des Lehnsnehmers sogar durch eine regelmäßige Abgabe ersetzt. Das Geschäft kam damit einem Pachtverhältnis sehr nahe, allerdings wurden auch hier Streitfälle und Erbgang durch das Lehnrecht definiert. Eine seltene Form waren *Freilehen*: Bei ihnen war das Lehen mit keinerlei Pflichten des Vasallen verbunden.

Im Laufe der Frühen Neuzeit haben sich die Komposita, die mit dem Wort «Lehen» gebildet wurden, noch dramatisch vervielfältigt. Die «Oekonomische Encyklopädie» des Johann Georg Krünitz, die seit 1773 erschien und es bis 1858 auf stattliche 242 Bände brachte, kennt vom «Abonirten Lehen» bis zum «Zins=Lehen» insgesamt 235 verschiedene Lemmata zu Lehen. Darunter fällt auch das *Eselslehen*, das in Darmstadt seit dem 16. Jahrhundert zu fassen sei. Die Stadt habe der Familie von Frankenstein jährlich 12 Malter Korn zu Lehen gegeben. Damit sei die folgende Verpflichtung verbunden gewesen: Wenn eine Frau aus Darmstadt ihren Mann geschlagen hatte, dann hatte der Lehnsnehmer auf Anforderung der Stadt hin auf seine Kosten einen Boten und einen Esel zu schicken. Hatte die Frau ihren Mann heimtückisch geschlagen, ohne dass er sich hätte wehren können, dann führte der Bote die Frau auf dem Esel durch die Stadt; andernfalls musste der geprügelte Ehemann die Aufgabe selbst übernehmen ...

Schon die wenigen Beispiele zeigen: Das Lehnswesen des Spätmittelalters und der Frühen Neuzeit beeindruckt mit seiner überbordenden Vielfalt und Dynamik. Nicht alle Formen waren dabei in allen Regionen und Territorien in derselben Weise verbreitet. So scheinen beispielsweise Rentenlehen in der Grafschaft Württemberg nicht vergeben worden zu sein. Die Bischöfe von Würzburg gaben im 15. Jahrhundert sehr viel mehr Bürgerlehen aus als die Pfalzgrafen bei Rhein. Beutellehen waren in Bayern und Österreich bekannt. Nur im Westen und Nordwesten des Reiches hatten sogenannte ligische Lehen eine Bedeutung – also Lehen, die den Lehnsnehmer besonders eng an den Lehnsgeber banden, so dass dieser Herr im Falle konfligierender Lehnspflichten bevorzugt werden musste.

Bei alledem war die Spanne möglicher Lehnsobjekte fast so breit, wie die Phantasie der Akteure reichte. Nahezu alles konnte als Lehen vergeben werden: Das Spektrum begann bei einer kleinen Wiese oder einer Kammer in einem Haus, führte weiter über das Pfand für die Ersatzzahlung für ein verlorenes Streitross, über Renten und einzelne Herrschaftsrechte, über Burgen und Städte und endete bei ganzen Herzogtümern. Dabei konnten die Pflichten des Lehnsnehmers im Einzelfall ebenso individuell vereinbart und angepasst werden wie seine Rechte, etwa in Hinblick auf die Vererbung des Lehens. Zumal wer sein Eigengut einem daran interessierten Herrn zu Lehen auftrug, konnte günstige Bedingungen aushandeln. Eingebunden in Lehnsverhältnisse waren Angehörige nahezu aller sozialen Schichten (und zwar beiderlei Geschlechts) – vom König bis hinab zum Handwerker in einer Stadt und sogar bis zum Bauern auf dem Land. Und auch damit noch nicht genug: Jede einzelne Lehnsbeziehung konnte im Alltag von den Beteiligten je unterschiedlich ausgestaltet werden. Mancher Lehnsherr interessierte sich lange Jahre kaum für die Dienste seines Vasallen; bei Gelegenheit konnte er dann aber auf ihre Leistung pochen. Karl-Heinz Spieß hat das Lehnsverhältnis deshalb mit einer Schraube verglichen, die man je nach Bedarf fester ziehen oder lockern konnte.

Angesichts solcher Varianz fällt es schwer, überhaupt noch einen gemeinsamen Nenner des Lehnswesens zu finden. Das wissenschaftliche Modell des Lehnswesens, das wir zu Beginn dieses Buches betrachtet haben, vermag jedenfalls nur den kleineren Teil der feudo-vasallitischen Bindungen abzubilden, die es im Reich des späten Mittelalters und der Frühen Neuzeit gab. Und wer sich für die Sozial-, Wirtschafts-, Kriegs- oder Politikgeschichte interessiert, dem wird der bloße Hinweis auf ein Lehnsverhältnis wenig nützen: Zwischen der Belehnung eines Reichsfürsten durch den König und der Vergabe eines Ackers als Zinslehen an einen Bauern lagen Welten. Gemeinsam war ihnen nur eines: Der Rechtsakt und das aus ihm resultierende Verhältnis unterlagen dem Lehnrecht, das sich seit dem 13. Jahrhundert zunehmend schärfer als eigene Sphäre von anderen abgrenzte, ohne darüber aber seine innere Varietät einzubüßen. In der Praxis fühlbar wurden solche regionalen Unterschiede nicht zuletzt bei sogenannten *Außenlehen* – also Lehen eines Herrn, die fernab von dessen sich bildender Landesherrschaft lagen. Hier konnten sich die Beteiligten trefflich darüber streiten, ob nach dem Lehnrecht des Raums, in dem das Lehen lag, verfahren werden sollte – oder nach dem Lehnrecht des fernen Lehnsherrn.

4. Funktionen

So vielgestaltig und flexibel das Lehnswesen im spätmittelalterlichen Reich daherkommt, so variabel wird man sich die möglichen Funktionen vorstellen müssen. Nach wie vor existierte die Pflicht, im Krieg zu dienen. Die Lehnsleute des Hochstifts Münster beispielsweise wurden auch im 16. Jahrhundert noch zum Waffendienst aufgeboten. Allerdings fällt es zunehmend schwer, klar zwischen diesem Lehnsaufgebot einerseits und dem Landesaufgebot andererseits zu unterscheiden, zu dem die Untertanen des Hochstifts einberufen wurden: Die meisten Vasallen des Bischofs von Münster waren mittlerweile zugleich Untertanen des Hochstifts Münster.

Ganz ohne Kosten war auch ein Lehnsaufgebot für den Herrn nicht zu haben. Der Münsteraner Bischof musste seine Lehnsleute für die Dauer des Kriegszugs verpflegen; und er musste die materiellen Schäden ersetzen, die seine Leute im Krieg gegebenenfalls erlitten. Im Übrigen war den Lehnsaufgeboten schon seit Langem eine sehr viel schlagkräftigere Konkurrenz erwachsen. Seit dem Hochmittelalter waren nämlich Söldnertruppen zu wichtigen Kampfeinheiten geworden – professionelle Kämpfer, die ihre Loyalität gegen Sold verkauften. Allerdings musste sich ein Herr solche Profis leisten können: Söldner waren viel effizienter, aber auch viel teurer als das eigene Lehnsaufgebot.

Wichtiger als für die Militärorganisation dürften Lehen und Vasallität im Spätmittelalter ohnehin für Politik und Wirtschaft gewesen sein. Am gründlichsten diskutiert haben Historiker bisher den Zusammenhang zwischen der Landesherrschaft und dem Lehnswesen. Die ältere Forschung war überzeugt: Die Landesherrschaft (mit ihrer raumbezogenen Grundlage) habe sich im Wesentlichen gegen das Lehnswesen (mit seinen personalen Bindungen) ausgebildet, und langfristig auch auf dessen Kosten. Heute sehen das die meisten Historiker differenzierter: Im Laufe des Spätmittelalters wussten offenbar viele Herren die verschiedenen Ausprägungen des Lehnswesens geschickt zu nutzen, um möglichst viele Herrschaftsrechte und Liegenschaften in einem gegebenen Raum unter ihre Kontrolle zu bringen. Rentenlehen waren dafür ebenso hilfreich wie der verkappte Ankauf von Eigengut in Form von Zahlungen für Lehnsauftragungen. Die Lehngerichtsbarkeit wiederum konnte als Ausgangspunkt dienen, um die Gerichtsbarkeit über alle Einwohner des Landes durchzusetzen – all den Schwierigkeiten zum Trotz, welche die Mehrfachvasallität hierbei bereitete. Endlich konnte eine intelligente Lehnspolitik auch dazu beitragen, andere Adlige der Region landsässig zu machen – also möglichst aus anderen Lehnsbindungen zu lösen und dazu zu bringen, den Lehnsherrn zugleich auch als Landesherrn anzuerkennen.

Eine weitere politische Dimension ist erst in jüngster Zeit stärker ins Blickfeld der historischen Forschung geraten. Das Lehnswesen hatte im Reich zunächst in der Sphäre des Rituals gelebt, in der Mannschaft, dem Eid, der Investitur, all das vollzogen in der persönlichen Begegnung zwischen Herr und Mann, in Gegenwart anderer Vasallen, oft auch weiterer Herren. Dieses Ritual lebte im Spätmittelalter kraftvoll fort: Die zunehmende Verschriftlichung des Lehnswesens bedeutete durchaus nicht, dass die Belehnung als Formalakt an Feierlichkeit verlor oder gar entfiel.

Seit einigen Jahren ist die Geschichtswissenschaft darauf aufmerksam geworden, wie wichtig solche feierlichen Momente sind. Sie stiften Sinn und tragen kräftig zur Konstituierung einer Gesellschaft bei. Zugleich hatten (und haben) Rituale eine eminente Bedeutung für die Politik. Sie visualisieren, was sonst kaum sichtbar ist – etwa das Rangverhältnis der Mächtigen, Hierarchien innerhalb einer Gesellschaft. Deshalb sind Rituale aber auch umstritten, Instrumente der Macht. Sie bilden eine Machtordnung nicht einfach ab; in den einzelnen Aufführungen eines Rituals wird eine derartige Ordnung zu einem guten Teil hergestellt, aufrechterhalten, manipuliert.

Vor diesem Hintergrund hatte auch das spätmittelalterliche Lehnswesen mit seinen Ritualen eine weitere politische Dimension. Es machte die einigermaßen komplexe Ordnung des Reiches anschaulich – und brachte sie zugleich, in jeder einzelnen Belehnung, auch immer wieder von Neuem mit hervor. Karl-Heinz Spieß hat diese Dimension für die Belehnung der Reichsfürsten herausgearbeitet. Deutlich wird sie etwa im ausführlichen Bericht, den der Chronist Ulrich von Richental über die Belehnung des Burggrafen Friedrich mit der Mark Brandenburg am 18. April 1417 in Konstanz gab. Ihm zufolge hatte man eigens ein großes Podest errichtet, auf dem das Geschehen für alle gut sichtbar war. Es führte den König Sigismund, die Krone tragend, als Haupt des Reiches vor. In seinen Gliedern wurde das Reich vergegenwärtigt durch die Kurfürsten von der Pfalz und von Sachsen sowie durch den Herzog von Bayern. Sie trugen für den Akt nicht nur ihren Amtsornat, sondern auch die Insignien des Reiches – das Reichsschwert, den Reichsapfel und das Szepter. Der Burggraf musste dann vor dem König auf dem Podest niederknien und den Lehnseid schwören. Anschließend erhielt er mit zwei Fahnen, die er selbst mitgebracht hatte, die Mark Brandenburg und die Burggrafschaft Nürnberg vom König verliehen.

Das Ritual machte das Reich in Haupt und Gliedern sichtbar, es bekräftigte und verstetigte aber zugleich die Hierarchie zwischen König, Kurfürsten und Fürsten. Ein bisschen zugespitzt könnte man sagen: Das Ritual brachte das Reich in seiner Ordnung, die nicht in einer Verfassung schriftlich fixiert war, zu einem Gutteil erst hervor. Wie penibel die Beteiligten dabei noch auf einzelne Gesten achteten, zeigt das Ringen um den Kniefall der Fürsten bei der Belehnung, das Karl-Heinz Spieß nachgezeichnet hat. An sich beugte ein Fürst nur vor einer Dame oder in der Kirche sein Knie. Die Belehnung bildete die eine, öffentliche, für jedermann sichtbare Ausnahme. Mancher Fürst – wie etwa der Kurfürst Friedrich von der Pfalz – hat den Akt im Konflikt mit dem König vielleicht auch deshalb vermieden und auf die Bestätigung seiner Lehen verzichtet. So erweist letztlich auch das Ritual der Belehnung der Fürsten noch einmal die hohe Bedeutung des Lehnswesens im Spätmittelalter: In diesen Akten lebte das Reich.

5. Ergebnis

Das Reich war nicht Europa. Die deutsche Enge dieses Kapitels lässt sich nicht sachlich, sondern nur pragmatisch rechtfertigen. Fehlt es schon an Arbeiten, die den Umgang mit Lehen und Vasallität in den verschiedenen Regionen Deutschlands systematisch vergleichen, so ist eine Gesamtschau auf europäischer Ebene zur Zeit schlechterdings unmöglich. Die Forschung steht hier noch vor einer gewaltigen Aufgabe: Sie muss die Lehnspraxis in verschiedenen Teilen Europas im Spätmittelalter vergleichen und darüber hinaus die Wege der Kommunikation und die Formen und Folgen des Transfers von Wissen und Praktiken innerhalb Europas beschreiben und analysieren.

Schon der enge Blick auf das Reich aber genügt, um anschaulich zu machen: Der Umgang mit Lehen und Vasallität lässt sich nicht isoliert von einer Geschichte der Gesellschaft, der Wirtschaft, des Rechts und der Politik analysieren oder gar erklären. Zu welchem Zweck und mit welchen Folgen jemand ein Lehen ausgab oder nahm, das hing von den konkreten Machtverhältnissen und vom jeweils geltenden Recht ab, aber auch von den materiellen Ressourcen der Beteiligten und von ihrer sozialen Stellung. Mit anderen Worten: Eine Geschichte von Lehen und Vasallität muss eingebettet sein in eine größere Sozial-, Wirtschafts-, Rechts- und Politikgeschichte. Den geographischen Rahmen der Analyse können dabei auch im Spätmittelalter noch nicht nationale Großräume geben. Zu mächtig wirken regionale Eigentraditionen in der Praxis fort, nicht nur im Reich, sondern auch in anderen Teilen Europas.

5. Epilog

Das deutsche Wort «Lehnswesen» lässt sich nicht in den Plural setzen. Wäre es möglich – wir dürften es, sobald wir über eine einzelne Region hinausschauen, nur noch in dieser grammatikalischen Form gebrauchen. Irgendeine Art von Lehnswesen gab es zwar ungefähr seit dem 11. Jahrhundert – hier früher, dort später – in vielen Gegenden Europas (wenn auch nicht in allen). Doch fällt es schwer, diese verschiedenen Ausprägungen und Typen auf einen gemeinsamen Nenner zu bringen. Was war die Essenz des Lehnswesens? Angesichts der Vielfalt und Varianz der Einzelformen und der fließenden Übergänge zu anderen Leihen, zu Pacht-, Zins-, Pfand- und Kaufgeschäften, zu Gehältern und Besoldungen bleibt vorerst nur der tautologisch klingende Satz: Lehen waren Güter und Rechte, die dem jeweils als geltend betrachteten Lehnrecht unterlagen. Das aber bildete sich überhaupt erst seit der Wende zum 12. Jahrhundert allmählich aus; und es blieb jeweils regional umgrenzt. Schon in den nordalpinen Territorien des Reiches gingen die Menschen je unterschiedlich mit Lehen und Vasallität um – und konnten dabei je anderes für Recht halten. Mit europäischer Elle gemessen, betrafen die Unterschiede nicht Quisquilien, sondern Kernfragen.

Der Philosoph Ludwig Wittgenstein hat den Begriff der Familienähnlichkeit geprägt. Was er damit meinte, hat er am Begriff des Spiels verdeutlicht: Es gibt kein Merkmal, das für alle Spiele gültig wäre. Jedes Spiel teilt zwar gewisse Merkmale mit anderen; es lassen sich aber immer auch Spiele finden, für die gerade diese Merkmale nicht zutreffen. Wittgenstein wollte damit zeigen: Nicht alle Begriffe lassen sich in hierarchischen Systemen klassifizieren. Auch ‹Lehen› könnte ein solcher Begriff sein. Das klassische Modell des Lehnswesens, das ich eingangs skizziert habe, wäre dann genau deshalb problematisch: Es ist hilfreich nur für denjenigen, der sich für Lehen und Vasallität im hochmittelalterlichen Flandern interessiert.

Am Ende eines Buches mit dem Titel «Das Lehnswesen» mag das wie eine Zumutung klingen – aber tatsächlich könnte der Begriff des Lehnswesens für Historiker, die am Handeln und Wissen von Menschen interessiert sind, wenig hilfreich, ja sogar bedenklich sein. Der Begriff suggeriert eine hierarchische Systematik, die es in der Geschichte bestenfalls auf regionaler Ebene gegeben hat, und vielleicht nicht einmal dort. Sobald wir über die einzelne Region hinausblicken, hilft es uns nicht mehr viel, von «Lehnswesen», «Lehen» und «Vasallität» zu sprechen: Zu unterschiedlich waren die vielen Phänomene, die Historiker damit bezeichnen können. Stattdessen sollten wir möglichst exakt beschreiben, wie Menschen zu unterschiedlichen Zeiten und in unterschiedlichen Regionen Europas über Güter, Rechte und ihre Beziehungen zueinander dachten und redeten – und wie sie damit in der Praxis umgingen. Dies aber wird eine der großen Herausforderungen für die Geschichtswissenschaft bleiben.

Glossar

Afterlehen	Lehen, das ein Vasall aus seinem eigenen Lehen weitervergibt, S. 11
Aftervasall	Vasall eines Vasallen, S. 11
Allod(ium)	Eigengut, S. 11
beneficium	mehrdeutiges lateinisches Wort, das u.a. «Wohltat», «Prekarie» und «Lehen» bezeichnen kann, S. 17–19
convenientia	in Katalonien üblicher Typ einer schriftlich fixierten Übereinkunft zwischen zwei Parteien, S. 65 f.
Emphyteuse	seit der Antike bekannte Form einer zeitlich befristeten (Land-)Leihe, S. 49
Felonie	Bruch der Treuebindung innerhalb der Vasallität durch den Herrn oder den Vasallen, S. 11
Feudalgesellschaft	in der französischen Mediävistik übliche Bezeichnung für eine Gesellschaftsform, die sich im 10./11. Jahrhundert etabliert hat, S. 43 f.
Feudalismus	vieldeutige Bezeichnung, die Historiker für sehr unterschiedliche gesellschaftliche, wirtschaftliche, politische Ordnungen verwenden, S. 13
feudum	mehrdeutiges lateinisches Wort, das unter anderem ein →Lehen bezeichnen kann, S. 52–55, 67
Gefolgschaft	auf einem Treueid basierende Bindung zwischen einem Kriegsherrn und seinen Kriegern, laut dem →Modell des Lehnswesens eine der historischen Wurzeln der →Vasallität, S. 16
Handgang	Geste bei der Aufnahme in die →Vasallität: Der werdende Vasall legt seine gefalteten Hände in die Hände seines künftigen Herrn, S. 10
Herrenfall	Tod des Lehnsherrn, S. 11
homagium/hominium	laut dem →Modell des Lehenswesens Teil jenes Rituals, mit dem jemand zum Mann oder Vasallen eines Herrn wird, S. 10, 61 f.
Investitur	laut dem →Modell des Lehnswesens die Einsetzung eines Vasallen in sein →Lehen, S. 11
Kommendation	Selbstübereignung eines Armen an einen Besitzenden mit dem Ziel materieller Versorgung gegen Dienst; laut dem →Modell des Lehnswesens eine der historischen Wurzeln der →Vasallität, S. 14–16

Lehen	laut dem →Modell des Lehnswesens ein zum →Nießbrauch geliehenes Gut, das den Beliehenen zum Dienst als Vasall befähigen soll, S. 10 f.
Lehnsauftragung	Übertragung eines Eigenguts an einen Herrn, das dieser unmittelbar darauf wieder als →Lehen an den bisherigen Eigentümer vergibt, S. 113, vgl. S. 20
Leihezwang	Zwang des Herrn, ein an ihn heimgefallenes →Lehen binnen einer gewissen Frist wieder zu vergeben, S. 96 ff.
Libri feudorum	in Oberitalien entstandene und mehrfach redigierte Sammlung von Rechtstraktaten über →*feuda*, S. 51 f.
Livellar-Vertrag	in Italien weitverbreitete Form einer zeitlich befristeten (Land-)Leihe, S. 49 f.
Mannfall	Tod des Vasallen, S. 11
Mannschaft	→*homagium/hominium*
Mehrfachvasallität	Existenz mehrerer vasallitischer Bindungen eines Mannes an verschiedene Herren (→Vasallität), S. 40–42
Modell des Lehnswesens	von Juristen und Historikern ausgearbeitetes wissenschaftliches Modell, das eine systematische, innere Beziehung zwischen →Vasallität und →Lehen voraussetzt, S. 9–11
mutation feodale	wörtlich: «feudale Veränderung»; Kurzformel für einen von manchen Historikern vermuteten schnellen und tiefgreifenden Wandel der Gesellschafts- und Wirtschaftsformen in (West-)Europa um 1000, S. 43 f., 63–71
Nießbrauch	Recht zur wirtschaftlichen Nutzung, S. 10 f.
Prekarie	im Mittelalter weitverbreitete Form einer zeitlich befristeten (Land-)Leihe, S. 17–20
société féodale	→Feudalgesellschaft
Vasallität	laut dem →Modell des Lehnswesens eine persönliche Bindung zwischen einem Herrn und einem Vasallen, begründet durch Treueid und →Mannschaft (→Handgang), charakterisiert durch beiderseitige Treue, die den Vasallen zu Dienst (Rat und Hilfe) für den Herrn, den Herrn zum Schutz des Vasallen verpflichtet, S. 9 f.
vasvasor/valvassor	in aus Italien stammenden Texten verbreitete Bezeichnungen für einen →Vasallen

Literatur

1. Klassiker und Überblicke zum Modell des Lehnswesens:

W. Ebel, Über den Leihegedanken in der deutschen Rechtsgeschichte, in: Studien zum mittelalterlichen Lehnswesen. Vorträge gehalten in Lindau am 10.–13. Oktober 1956, Sigmaringen ²1972, 11–36. – F. L. Ganshof, Was ist das Lehnswesen?, 6., erw. dt. Aufl., Darmstadt 1983. – H. Mitteis, Lehnrecht und Staatsgewalt. Untersuchungen zur mittelalterlichen Verfassungsgeschichte, unveränd. ND d. Aufl. von 1933, Köln-Wien 1974. – H. K. Schulze, Grundstrukturen der Verfassung im Mittelalter, Teil: 1: Stammesverband, Gefolgschaft, Lehnswesen, Grundherrschaft, 4., aktual. Aufl., Stuttgart u. a. 2004. – J. Dendorfer, Was war das Lehnswesen? Zur politischen Bedeutung der Lehnsbindung im Hochmittelalter, in: Denkweisen und Lebenswelten des Mittelalters, hg. v. E. Schlotheuber, München 2004, 43–64. – Zu einzelnen Begriffen sei außerdem das «Handwörterbuch der Deutschen Rechtsgeschichte» empfohlen, das seit 2004 in seiner 2. Aufl. erscheint.

2. Zu weitergefassten Feudalismus-Begriffen:

M. Bloch, La société féodale, Paris 1939 (mit diversen Neuaufl.; dt. Übers.: Die Feudalgesellschaft, durchges. Neuausg., Stuttgart 1999) – F. M. Stenton, The First Century of English Feudalism 1066–1166, Oxford ²1961. – J. R. Strayer, Feudalism, Princeton 1965. – Der unscharfe Begriff ist harsch kritisiert worden von E. A. R. Brown, The Tyranny of a Construct: Feudalism and Historians of Medieval Europe, in: American Historical Review 79 (1974), 1063–1088. – Kritisch auch F. L. Cheyette, ‹Feudalism›: A Memoir and an Assessment, in: Feud, Violence and Practice. Essays in Medieval Studies in Honor of Stephen D. White, hg. v. B. S. Tuten/T. L. Billado, Farnham 2010, 119–133. – Eine Typologie von Feudalismus-Begriffen bietet C. Wickham, Le forme del feudalesimo, in: Il feudalesimo nell'alto medioevo, Spoleto 2000, Bd. 1, 15–51. – Aus deutscher Perspektive jetzt: Der geschichtliche Ort der historischen Forschung. Das 20. Jahrhundert, das Lehnswesen und der Feudalismus, hg. v. S. Groth, Frankfurt a. Main 2020.

3. Zur Kritik an dem Modell des Lehnswesens und seiner Reichweite:

Grundlegend S. Reynolds, Fiefs and vassals. The Medieval Evidence Reinterpreted, Oxford 1994; und dies., Afterthoughts on ‹Fiefs and Vassals›, in: The Haskins Society Journal 9 (1997), 1–16. – Von den vielen Rezensionen ist z. B. lesenswert J. Fried, Rez. zu Reynolds, Fiefs and Vassals, in: German Historical Institute London. Bulletin 19,1 (1997), 28–41, mit der Antwort v. S. Reynolds, Replik auf Fried, in: ebd. 19,2 (1997), 30–40. – Ein Spiegel der internationalen Debatte, die Reynolds ausgelöst hat, war eine Tagung in Spoleto. Die Beiträge sind in zwei Bänden gedruckt: Il feudalesimo nell'alto medioevo (Settimane di studio del Centro Italiano di studi sull'alto medioevo 47), Spoleto 2000. – Wichtig zur neueren Diskussion in Deutschland: Das Lehnswesen im Hochmittelalter. Forschungskonstrukte – Quellenbefunde – Deutungsrelevanz, hg. v. J. Dendorfer/R. Deutinger, Ostfildern 2010; Ausbildung und Verbreitung des Lehnswesens im Reich und in Italien im 12. und

13. Jahrhundert, hg. v. K.-H. Spieß, Ostfildern 2013; Tenere et habere. Leihen als soziale Praxis im frühen und hohen Mittelalter, hg. v. J. Dendorfer/S. Patzold, Ostfildern 2023 (mit weiterer Literatur).

4. Ausgewählte Literatur zu den einzelnen Kapiteln:

4.1. Zum 8. und 9. Jahrhundert:

M. Becher, Eid und Herrschaft. Untersuchungen zum Herrscherethos Karls des Großen, Sigmaringen 1993. – ders., Die subiectio principum. Zum Charakter der Huldigung im Franken- und Ostfrankenreich bis zum Beginn des 11. Jahrhunderts, in: Staat im frühen Mittelalter, hg. v. S. Airlie u. a., Wien 2006, 163–178. – P. Depreux, Tassilon III et le roi des Francs. Examen d'une vassalité controversée, in: Revue Historique 293 (1995), 23–73. – R. Deutinger, Beobachtungen zum Lehenswesen im frühmittelalterlichen Bayern, in: Zeitschrift für bayerische Landesgeschichte 70 (2007), 57–83. – ders., Königsherrschaft im ostfränkischen Reich. Eine pragmatische Verfassungsgeschichte der späten Karolingerzeit, Ostfildern 2006. – ders., Seit wann gibt es die Mehrfachvasallität?, in: Zeitschrift der Savigny-Stiftung für Rechtsgeschichte, Germ. Abt. 119 (2002), 78–105. – H.-W. Goetz, Prekarieschenkungen als testamentarische Verfügungen. Das Beispiel der St. Galler Urkunden der Karolingerzeit, in: Frankenreich – Testamente – Landesgeschichte. Festschrift für Brigitte Kasten zum 65. Geburtstag, hg. v. C. Vogel, Saarbrücken 2020, 289–319. – ders., Staatlichkeit, Herrschaftsordnung und Lehnswesen im ostfränkischen Reich als Forschungsprobleme, in: Il feudalesimo nell'alto medioevo, Spoleto 2000, Bd. 1, 85–143. – C. Haack, Die Krieger der Karolinger. Kriegsdienste als Prozesse gemeinschaftlicher Organisation um 800, Berlin 2020. – B. Kasten, Aspekte des Lehenswesens in Einhards Briefen, in: Einhard. Studien zu Leben und Werk, hg. v. H. Schefers, Darmstadt 1997, 247–267. – dies., Beneficium zwischen Landleihe und Lehen – eine alte Frage, neu gestellt, in: Mönchtum – Kirche – Herrschaft 750–1000. Josef Semmler zum 65. Geburtstag, hg. v. D. Bauer u. a., Sigmaringen 1998, 243–260. – dies., Das Lehnswesen – Fakt oder Fiktion?, in: Der frühmittelalterliche Staat – europäische Perspektiven, hg. v. W. Pohl, Wien 2009, 331–356. – W. Kienast, Die fränkische Vasallität. Von den Hausmeiern bis zu Ludwig dem Kind und Karl dem Einfältigen, hg. v. P. Herde, Frankfurt am Main 1990. – C. E. Odegaard, Vassi and Fideles in the Carolingian Empire, Cambridge/Mass. 1945. – O. Salten, Vasallität und Benefizialwesen im 9. Jahrhundert. Studien zur Entwicklung personaler und dinglicher Beziehungen im frühen Mittelalter (texte zur historischen forschung und lehre 1), Hildesheim 2013. – K. F. Werner, *Hludovicus Augustus*. Gouverner l'empire chrétien – idées et réalités, in: Charlemagne's Heir. New Perspectives on the Reign of Louis the Pious (814–840), hg. v. P. Godman/R. Collins, Oxford 1990, 3–123. – H. Wolfram, Karl Martell und das fränkische Lehenswesen. Aufnahme eines Nichtbestandes, in: Karl Martell in seiner Zeit, hg. v. J. Jarnut, Sigmaringen 1994, 61–78.

4.2. Zum 10. bis 12. Jahrhundert:

a. Oberitialien: G. Albertoni, Vasalli, feudi, feudalesimo, Rom 2015; M. G. Di Renzo Villata, La formazione dei «Libri feudorum» (tra pratica di giudici e scienza di dottori), in: Il feudalesimo nell'alto medioevo, Spoleto 2000, Bd. 2, 651–721. – A. Fiore, The Seigneurial Transformation: Power Structures and Political Communication in the Countryside of Central and Northern Italy, 1080–1130, Oxford 2020. – H. Keller, Das Edictum de beneficiis Konrads II. und die Entwicklung des Lehnswesens in der ersten Hälfte des 11. Jahrhunderts, in: Il feudalesimo nell'alto medioevo, Spoleto 2000, Bd. 1, 227–257. – ders., Militia. Vasallität und frühes Rittertum im Spiegel oberitalienischer miles-Belege des 10. und 11. Jahrhunderts, in: Quellen und Forschungen aus italienischen Archiven und Bibliotheken 62 (1982), 59–118. – F. Menant, La féodalité italienne entre XIe et XIIe siècles, in: Il feudalesimo nell'alto medioevo, Spoleto 2000, Bd. 1, 347–383. – A. Spicciani, Concessioni livellarie, impegni militari non vassallatici e castelli: un feudalesimo informale (secoli X–XI), ebd., Bd. 1, 175–222. – C. Wickham, The «Feudal Revolution» and the Origins of Italian City Communes, in: Transactions of the Royal Historical Society 24 (2014), 29–55.

b. Flandern: T.N. Bisson, Lordship and Tenurial Dependence in Flanders, Provence, and Occitania (1050–1200), in: Il feudalesimo nell'alto medioevo, Spoleto 2000, Bd. 1, 389–446. – P. Depreux, Lehnsrechtliche Symbolhandlungen. Handgang und Investitur im Bericht Galberts von Brügge zur Anerkennung Wilhelm Clitos als Graf von Flandern, in: Das Lehnswesen im Hochmittelalter. Forschungskonstrukte – Quellenbefunde – Deutungsrelevanz, hg. v. J. Dendorfer/R. Deutinger, Ostfildern 2010, 387–399. – D. Heirbaut, Not European Feudalism, but Flemish Feudalism. A New Reading of Galbert of Bruges's Data on Feudalism in the Context of Early Twelfth-Century Flanders, in: Galbert of Bruges and the Historiography of Medieval Flanders, hg. v. J. Rider/A. V. Murray, Washington/D. C. 2009, 56–88. – ders., Flanders: a Pioneer of State-Oriented Feudalism? Feudalism as an Instrument of Comital Power in Flanders During the High Middle Ages (1000–1300), in: Expectations of the Law in the Middle Ages, hg. v. A. Musson, Woodbridge 2001, 23–34. – ders., Rituale und Rechtsgewohnheiten im flämischen Lehnrecht des hohen Mittelalters, in: Frühmittelalterliche Studien 41 (2008), 351–361.

c. (Süd-)Frankreich, Katalonien und die «mutation/révolution féodale»: D. Barthélemy, La mutation de l'an mil a-t-elle eu lieu? Servage et chevalerie dans la France des Xe et XIe siècles, Paris 1997. – ders., La mutation de l'an 1100, in: Journal des Savants (2005), 3–28. – ders., La société de l'an mil dans le royaume capétien: essai historiographique, in: Revue historique 681 (2017), 93–140. – T.N. Bisson, The «Feudal Revolution», in: Past & Present 142 (1994), 6–42; der Beitrag hat bis 1997 eine rege Debatte in derselben Zeitschrift ausgelöst, mit Beiträgen von D. Barthélemy, T. Reuter, C. Wickham, S.D. White und einer Replik von Bisson selbst. – G. Bois, Umbruch im Jahr 1000. Lournand bei Cluny – ein Dorf in Frankreich zwischen Spätantike und Feudalherrschaft, München 1999. – P. Bonnassie, La Catalogne du milieu du Xe à la fin du XIe siècle, 2 Bde., Toulouse 1975/76. – H. Débax, «Une féodalité qui sent l'encre»: typologie des actes féodaux dans le Languedoc des XIe-XIIe siècles, in: Le vassal, le fief et l'écrit. Pratiques d'écritures et enjeux documentaires dans le champ de la féodalité XIe-XVe s., hg. v. J.-F. Nieus, Turnhout 2008, 35–70. – dies., Le serrement des mains. Éléments pour une analyse du rituel des serments féodaux en Languedoc et en Provence (XIe-XIIe siècles), in: Le Moyen Age 113 (2007), 9–23. – G. Duby, La société aux XIe et XIIe siècles dans la région mâconnaise, Paris 1953. – T. Kohl, The Seigneurial Turn, the Church and National Historiographies, in: The Journal of European Economic History 50 (2021) 193–201. – F. Mazel, Féodalités. 888–1180, Paris 2010. – J.-P. Poly/É. Bournazel, La mutation féodale, 3. überarb. Aufl., Paris 2004. – Structures féodales et féodalisme dans l'occident méditerranéen (Xe-XIIIe siècles), Rom 1980. – C. West, Reframing the Feudal Revolution. Political and Social Transformation Between

Marne and Moselle, Cambridge 2013. – Eine deutschsprachige Übersicht über die Debatte bis 2004 bietet: H.-W. Goetz, Gesellschaftliche Neuformierungen um die erste Jahrtausendwende? Zum Streit um die «mutation de l'an mil», in: Aufbruch ins zweite Jahrtausend. Innovation und Kontinuität in der Mitte des Mittelalters, hg. v. A. Hubel/B. Schneidmüller, Ostfildern 2004, S. 31–50.

d. Das Reich nördlich der Alpen: J. Dendorfer, Das Wormser Konkordat – ein Schritt auf dem Weg zur Feudalisierung der Reichsverfassung?, in: Das Lehnswesen im Hochmittelalter. Forschungskonstrukte – Quellenbefunde – Deutungsrelevanz, hg. v. dems./R. Deutinger, Ostfildern 2010, 299–328. – ders., Roncaglia: Der Beginn eines lehnrechtlichen Umbaus des Reiches?, in: Staufisches Kaisertum im 12. Jahrhundert. Konzepte – Netzwerke – Politische Praxis, hg. v. S. Burkhardt u. a., Regensburg 2010, 111–132. – ders., Das Lehnrecht und die Ordnung des Reiches. «Politische Prozesse» am Ende des 12. Jahrhunderts, in: Ausbildung und Verbreitung des Lehnswesens, hg. v. K.-H. Spieß, Ostfildern 2013, 187–220. – ders., Vasallen und Lehen unter Friedrich Barbarossa – Politische Bindungen durch das Lehnswesen?, in: Verwandtschaft – Freundschaft – Feindschaft. Politische Bindungen zwischen dem Reich und Ostmitteleuropa in der Zeit Friedrich Barbarossas, hg. v. K. Görich/M. Wihoda, Köln 2019, 69–95. – ders., «Vom wem hat er denn das Kaisertum, wenn er es nicht vom Herrn Papst hat?» Päpste, Kaiser und das Lehnswesen, in: Päpste in staufischer Zeit, hg. v. K.-H. Rueß, Göppingen 2020, 60–78. – R. Deutinger, Sutri 1155. Missverständnisse um ein Missverständnis, in: Deutsches Archiv für Erforschung des Mittelalters 60 (2004), 97–133. – ders., Kaiser und Papst. Friedrich I. und Hadrian IV., in: Das Lehnswesen im Hochmittelalter. Forschungskonstrukte – Quellenbefunde – Deutungsrelevanz, hg. v. J. Dendorfer/R. Deutinger, Ostfildern 2010, 329–345. – G. Dilcher, Die Entwicklung des Lehnswesens in Deutschland zwischen Saliern und Staufern, in: Il feudalesimo nell'alto medioevo, Spoleto 2000, Bd. 1, 263–303. – K. Heinemeyer, Der Prozess Heinrichs des Löwen, in: Blätter für deutsche Landesgeschichte 117 (1981), 1–59. – W. Heinemeyer, «beneficium – non feudum sed bonum factum». Der Streit auf dem Reichstag zu Besançon 1157, in: Archiv für Diplomatik 15 (1969), 155–236. – S. Kalla, Ein Bistum ohne Lehnswesen und Vasallen. Leiheformen und personale Bindungen im Hochstift Bamberg des 12. und 13. Jahrhunderts, Ostfildern 2023. – M. Krätschmer, Rittertum und Lehnswesen im Stauferreich. Zu Organisation und Rekrutierung der Ritterheere im 12. und 13. Jahrhundert, in: Frühmittelalterliche Studien 54 (2020), 349–394. – Zu Folgen der geschichtswissenschaftlichen Diskussion für die Philologien: U. Peters, Fürsten, Adel, Rittertum. Die höfische Dichtung vor dem Hintergrund der neueren Feudalismus-Debatte, in: König, Reich und Fürsten im Mittelalter. Abschlusstagung des Greifswalder «Principes-Projekts». Festschrift für Karl-Heinz-Spieß, hg. v. O. Auge, Stuttgart 2017, 149–196.

e. England: D. R. Bates, England and the «Feudal Revolution», in: Il feudalesimo nell'alto medioevo, Spoleto 2000, Bd. 2, 611–646. – D. A. Carpenter, The Second Age of English Feudalism, in: Past & Present 168 (2000), 30–71. – D. J. F. Crouch, From Stenton to McFarlane: Models of Societies of the Twelfth and Thirteenth Centuries, in: Transactions of the Royal Historical Society, ser. 6,5 (1995), 179–200. – K. van Eickels, Vom inszenierten Konsens zum systematisierten Konflikt. Die englisch-französischen Beziehungen und ihre Wahrnehmung an der Wende vom Hoch- zum Spätmittelalter, Stuttgart 2002.

4.3. Zum 13. bis 16. Jahrhundert:
H. Boockmann, Über einen Topos in den Mittelalter-Darstellungen der Schulbücher: Die Lehnspyramide, in: Geschichte in Wissenschaft und Unterricht 43 (1992), 361–372. – A. Bühler, Keine Lehnspyramide! Kein Lehnswesen! Plädoyer für eine Entrümpelung des Mittelalter-Unterrichts, in: Geschichte in Wissenschaft und Unterricht 70 (2019), 136–148. – B. Diestelkamp, Das Lehnrecht der Grafschaft Katzenelnbogen (13. Jahrhundert bis 1479). Ein Beitrag zur Geschichte des spätmittelalterlichen deutschen Lehnrechts, insbesondere zu seiner Auseinandersetzung mit oberitalienischen Rechtsvorstellungen, Aalen 1969. – ders., Lehnrecht und Lehnspolitik als Mittel des Territorialausbaus, in: Rheinische Vierteljahrsblätter 63 (1999), 26–38. – W. Goez, Der Leihezwang. Eine Untersuchung zur Geschichte des deutschen Lehnrechtes, Tübingen 1962. – V. Henn, Das ligische Lehnswesen im Westen und Nordwesten des mittelalterlichen deutschen Reiches, Phil. Diss. Bonn 1970. – E. Klebel, Territorialstaat und Lehen, in: Studien zum mittelalterlichen Lehnswesen. Vorträge gehalten in Lindau am 10.–13. Oktober 1956, Sigmaringen ²1972, 195–228. – H.-G. Krause, Der Sachsenspiegel und das Problem des sogenannten Leihezwangs. Zugleich ein Beitrag zur Entstehung des Sachsenspiegels, in: Zeitschrift der Savigny-Stiftung für Rechtsgeschichte, Germ. Abt. 93 (1976), 21–99. – K.-F. Krieger, Die Lehnshoheit der deutschen Könige im Spätmittelalter (ca. 1200–1437), Aalen 1979. – P. Landau, Der Entstehungsort des Sachsenspiegels. Eike von Repgow, Altzelle und die anglo-normannische Kanonistik, in: Deutsches Archiv für Erforschung des Mittelalters 61 (2005), 73–101. – H. Leppin, Untersuchungen zum Leihezwang, in: Zeitschrift der Savigny-Stiftung für Rechtsgeschichte, Germ. Abt. 105 (1988), 239–252. – M. Miller, Mit Brief und Revers. Das Lehenswesen Württembergs im Spätmittelalter. Quellen – Funktion – Topographie, Leinfelden-Echterdingen 2004. – H. Röckelein, De feudo femineo – Über das Weiberlehen, in: Herrschaftspraxis und soziale Ordnungen. Ernst Schubert zum Gedenken, hg. v. P. Aufgebauer u. a., Hannover 2006, 267–284. – K.-H. Spiess, Das Lehnswesen in den frühen deutschen Lehnsverzeichnissen, in: Das Lehnswesen im Hochmittelalter. Forschungskonstrukte – Quellenbefunde – Deutungsrelevanz, hg. v. J. Dendorfer/R. Deutinger, Ostfildern 2010, 91–102. – ders., Das Lehnswesen in Deutschland im hohen und späten Mittelalter, 2., verb. Aufl., Stuttgart 2009 (Einführung mit Quellensammlung). – ders., Die Pfalzgrafen bei Rhein als Lehnsherren im Spätmittelalter, in: Mittelalter. Der Griff nach der Krone. Die Pfalzgrafschaft bei Rhein im Mittelalter, hg. v. V. Rödel, Regensburg 2000, 53–60. – ders., Kommunikationsformen im Hochadel und am Königshof im Spätmittelalter, in: Formen und Funktionen öffentlicher Kommunikation im Mittelalter, hg. v. G. Althoff, Stuttgart 2001, 261–290. – ders., Lehnsrecht, Lehnspolitik und Lehnsverwaltung der Pfalzgrafen bei Rhein im Spätmittelalter, Wiesbaden 1978. – G. Theuerkauf, Land und Lehnswesen vom 14. bis zum 16. Jahrhundert. Ein Beitrag zur Verfassung des Hochstifts Münster und zum nordwestdeutschen Lehnrecht, Köln-Graz 1961. – H. Vollrath, Politische Ordnungsvorstellungen und politisches Handeln im Vergleich. Philipp II. August von Frankreich und Friedrich Barbarossa im Konflikt mit ihren mächtigen Fürsten, in: Politisches Denken und die Wirklichkeit der Macht im Mittelalter, hg. v. J. Canning/O. G. Oexle, Göttingen 1998, 33–51.